CÓMO HABLAR CON TU GATO

CLAIRE BESSANT

CÓMO HABLAR CON TU GATO

Entiende cómo piensa y se comporta para mejorar vuestra relación

Traducción de Carmen Ternero

Autoconocimiento

DIANA

Título original: *How to Talk to Your Cat*
Originalmente publicado en inglés en el Reino Unido por John Blake Publishing, un sello editorial de Bonnier Books UK Limited.

Diana es un sello editorial de Editorial Planeta, S. A.
Diagonal, 662-664, 08034 Barcelona (España)
www.dianaeditorial.com
www.planetadelibros.com

Primera edición: octubre de 2024
Depósito legal: B. 14.118-2024
ISBN: 978-84-1119-180-7
Composición: Realización Planeta
Impresión y encuadernación: Limpergraf, S. L.

Impreso en España – *Printed in Spain*

PEFC Certificado
Este libro procede de bosques gestionados de forma sostenible
PEFC
PEFC/14-38-00305
www.pefc.es

Para Leo, Lucy, Mike, Sinead y Sorcha, y su maravilloso trato con todos los gatos que hemos tenido a lo largo de los años, y, por supuesto, para Chilli, Mr White y Mello, que siguen enseñándonos a «pensar como un gato».

SUMARIO

INTRODUCCIÓN

Cuando me preguntaron si quería actualizar mi libro *How to Talk to Your Cat [Cómo hablar con tu gato]*, pensé que era el momento perfecto. El libro original se publicó antes de que tuviera hijos y llegara a ser la directora ejecutiva de la organización benéfica International Cat Care. El interés generalizado por el comportamiento de los gatos estaba en sus inicios: las primeras reflexiones sobre sus «comportamientos problemáticos» en nuestros hogares (que calificamos de «problemáticos» los dueños, pero que son naturales para los gatos, y que normalmente no se dan en casa, como ensuciar) y los debates sobre sus causas y soluciones no habían hecho más que empezar, lo que a su vez fomentaba el interés por entender la conducta felina en general. Aunque se sabía más sobre los perros, ya había algunos pioneros dedicados a la comprensión de los gatos, y el interés iba en aumento.

A lo largo de los últimos treinta años hemos aprendido mucho sobre los gatos, se están llevando a cabo más investigaciones y no dejamos de adquirir nuevos conocimientos. He tenido la suerte de que la organización benéfica para la que trabajaba contara con una amplia base de conocimientos sobre los gatos en todas las situaciones en las que vivimos y trabajamos con ellos: International Cat Care invierte mucho en la salud de los gatos a través de su división veterinaria, y teniendo en cuenta que la salud física y mental están tan estrechamente relacionadas en los gatos, es muy importante tener buenos conocimientos sobre ambas. También aporta un enfoque científico a la hora de intentar averiguar qué es lo mejor para los gatos, siendo comprensivos con sus sentimientos, pero no excesivamente emocionales, manteniendo una actitud humilde y estando abiertos a la hora de entendernos a nosotros mismos y saber cuáles son nuestras necesidades; al mismo tiempo, tenemos que ser prácticos: la perfección no es posible, pero una forma equilibrada de ver a los gatos y saber de qué modo puede afectarles lo que hacemos y cómo comunicarnos mejor con ellos puede ayudarnos a convivir en armonía.

Los amantes de los gatos siempre han dicho que los suyos tienen una notable individualidad y un carácter propio, y que pueden ser muy distintos entre sí. Durante los años que trabajé en International Cat Care, la organización se esforzó por comprender el comportamiento de los gatos y utilizarlo para encontrar soluciones que mejoraran los cuidados que les dedicamos: desde la gestión de la población hasta la estrecha convivencia que mantenemos con ellos, la cría, la atención veterinaria y cualquier otra forma en que interactuemos con ellos.

He tenido la suerte de trabajar con reconocidos expertos en el comportamiento de los gatos, como Vicky Halls, autora de *Cat Detective [Gato detective]* y *Cat Confidential [Gato secreto]*, y Sarah Ellis, autora de *The Trainable Cat (Adiestra a tu gato: cómo hacer que tu gato y tú seáis más felices)*,* así como

* Kitsune Books, Barcelona, 2018.

con especialistas de renombre mundial en salud felina. Entre todos exploramos la relación entre los gatos y las personas, y en todo momento nos mantuvimos al día sobre los nuevos hallazgos a fin de poder ofrecer a todos los dueños y las personas que trabajan con gatos una interpretación pragmática sobre sus descubrimientos. Vicky acuñó una frase que ahora es uno de los principios básicos de la organización: «Respeta la especie, comprende al individuo», que aúna nuestra amplia comprensión de lo que son los gatos con lo que hace que cada uno de ellos se comporte del modo en que lo hace, cómo es su carácter, qué le gusta y qué no le gusta, cuáles son sus necesidades particulares y cómo adaptamos nuestras interacciones para cuidar mejor de nuestros gatos y mejorar nuestras relaciones con ellos. A lo largo de este libro me referiré con orgullo al trabajo de International Cat Care y a las personas que tanto han contribuido a nuestro conocimiento de los gatos y su bienestar. Es una organización estupenda que durante años ha liderado nuestra forma de pensar sobre los gatos, y sigue haciéndolo. Su página web, <www.icatcare.org>, es una mina de oro para quienes deseen aprender más sobre ellos.

El título del libro se refiere al hecho de «hablar» con nuestro gato porque, como humanos que somos, recurrimos mucho a la comunicación verbal debido a la riqueza lingüística y de vocabulario que poseemos. Pero se nos olvida que cuando hablamos con una persona, si bien escuchamos sus palabras para entenderla, también tenemos en cuenta su lenguaje corporal, las expresiones faciales y el tono de voz. Utilizamos lo que sabemos sobre nuestra especie para interpretar lo que está ocurriendo usando la empatía y siendo conscientes de lo que es importante para las personas y lo que es probable que hagan. Sin esos conocimientos no podemos establecer una buena comunicación. Por eso, a la hora de «hablar» con nuestros gatos, es de vital importancia poseer el mayor conocimiento posible con el objeto de interpretar correctamente qué quieren comunicarnos. Al «hablar» no solo debemos incluir palabras, sino también acciones, y reaccionar del mejor modo posible a lo que estén haciendo, teniendo en cuenta al mismo tiempo cómo les influye el entorno. Comunicarse con una especie diferente no es fácil: tenemos que actuar como detectives y hacernos una idea de cómo son nuestros gatos y cómo se comportan, así como tener conocimientos sobre la especie en general. Saber cómo se comportan nuestros gatos y cómo suelen reaccionar es extremadamente útil, no solo para comprenderlos, sino también para que podamos notar cuándo cambia su comportamiento, lo cual podría deberse a una enfermedad o a algo que les esté provocando inquietud o estrés.

International Cat Care ha formado parte de mi vida durante más de veintiocho años, hasta mi reciente jubilación. Por casualidad, uno de los ponentes del congreso veterinario de la organización, que se celebró justo antes de mi jubilación, fue Dennis Turner, uno de los primeros investigadores y escritores dedicados al estudio de los gatos y su comportamiento. Su libro, escrito con Patrick Bateson y titulado *The Domestic Cat: The Biology of its Behaviour [El gato doméstico: la biología de su comportamiento]*, está en la estantería de cualquier persona interesada en el comportamiento de los gatos y ha estado en la mía durante más de treinta años, por lo que fue todo un honor conocerlo. En su ponencia mencionó de pasada que «el gato es el animal con más individualidad», y sus palabras me llamaron mucho la atención. Le pedí que desarrollara la idea: ¿quería decir que los gatos tienen un comportamiento más individual que otros animales? La verdad es que yo no había pensado en los gatos desde ese punto de vista. Me respondió como el científico que es:

> En todos y cada uno de los análisis multivariantes de datos de gatos en nuestros estudios, las «diferencias individuales» (la individualidad) siempre han resultado ser el factor más significativo y hemos tenido que «aislarlo» para determinar la influencia de otras variables. Ningún estudio del comportamiento de los perros (u otras especies) que se haya publicado (que yo sepa) ha encontrado o mencionado esto.

La cita anterior suena muy científica y estadística (lo cual es necesario en una investigación), pero apunta a que los gatos tienen fuertes caracteres individuales que afectan a su comportamiento. Estudiar el comportamiento humano no es fácil, ¡y parece que investigar el comportamiento de los gatos es aún más difícil! Pero la idea del individualismo me pareció muy acertada, y era aún más relevante teniendo en cuenta el enfoque de la organización: «Respeta la especie, comprende al individuo», pues lo unía todo, y al mismo tiempo me hizo reflexionar sobre lo que esto significa para los dueños y la forma en que cogemos la información que tenemos sobre los gatos, su salud y su conducta, y la aplicamos a los nuestros.

La primera edición de este libro contenía muchos datos y cifras (como el número de músculos necesarios para mover las orejas o la frecuencia a la que oyen los gatos) que he omitido en esta revisión para centrarme en un enfoque más psicológico de nuestra comprensión de estos animales. Mi objetivo es que todos pensemos en los gatos y entendamos su carácter, que seamos conscientes de lo que les decimos —no solo con palabras, sino también a través del lenguaje corporal y la forma en que nos comportamos con ellos— y que nos animemos a observar cómo reaccionan ante nosotros y a considerar cómo reaccionamos nosotros en respuesta a las señales que nos dan. Quiero que seamos capaces de utilizar nuestros sentidos y que sintamos curiosidad por nuestros gatos. Veremos que en algunas de las investigaciones que menciono hay personas que han intentado etiquetar a los gatos según el tipo de carácter que tienen. Esto es necesario cuando uno intenta orientarse entre todo lo que hacen los gatos y averiguar por qué lo hacen y qué influye en un comportamiento determinado, pero por más que nos guste poner una etiqueta a las personas y a las mascotas, y meterlas en un cajón, a veces puede ser una forma de aislarlas y limitar nuestra forma de interpretar lo que hacen, al tiempo que también disminuimos nuestra capacidad de ver las diferencias de comportamiento causadas por las circunstancias o la salud.

Los gatos son complejos y no suelen transmitir mucho de sí mismos, pero podemos aprender bastante si los escuchamos y nos fijamos en ellos. Yo no soy una investigadora experta ni tengo ninguna titulación en comportamiento animal, pero a lo largo de los años he trabajado con muchas personas que tenían estas dotes y solía ser yo la que hacía las preguntas tontas o del tipo «pero ¿por qué?». Durante este tiempo también he vivido con varios gatos y los he observado, viendo cómo cambia su comportamiento a lo largo de los años y cómo reaccionan ante lo que los rodea. Ya sabemos que a algunos gatos no les gusta que los observen de cerca o que se los mire fijamente, así que he intentado observarlos de una forma discreta que no afecte a lo que estén haciendo.

Podemos intentar ser ingeniosos y analizar cada maullido o pequeño movimiento de las orejas, pero es importante tener una visión general para que podamos relajarnos y disfrutar de nuestros gatos, tomándonos cada descubrimiento como una recompensa para entender su mundo, un mundo que es muy distinto del nuestro, pero que podemos compartir muy bien si se dan las circunstancias adecuadas. El objetivo es que podáis entender a vuestros gatos y disfrutar al relacionaros con ellos, por muy distante o estrecha que sea esa relación. Actualizar este libro y reunir todas las ideas de una forma que espero que sea coherente me ha llevado a observar de nuevo a mis gatos y volver a preguntarme «pero ¿por qué?».

El enfoque que voy a adoptar consiste en analizar cómo perciben el mundo para que seamos capaces de reconocer su lenguaje corporal y algunos de sus comportamientos básicos, y así poder entender qué afecta a esas conductas y qué forja el carácter de un gato. Al principio, lo haremos sin referirnos a las personas, solo para sentar las bases y hacernos una idea de la «esencia» de los gatos. Después empezaremos a introducir los elementos que complican la relación entre gato y dueño (¡nosotros!): qué efecto tenemos en su vida; cómo podemos interpretar del mejor modo posible la comunicación que se produce entre nuestras especies, tan distintas, y cómo podemos empezar a mirar a nuestros gatos de otra forma, con una mente abierta y disfrutando al comprender, aunque solo sea algunos detalles, lo que realmente nos están comunicando con la conversación mental y corporal que mantienen con nosotros. Nada de esto es inmediato. Por eso, cuanto más tiempo vivamos con un gato, mejor llegaremos a entenderlo; y, desde luego, puede que otro gato tenga otro carácter muy distinto, con lo que tendremos que reconstruir toda la información para comprenderlo. Pero si lo escuchamos y le hablamos del modo correcto, ¡el proceso será mucho más rápido!

También analizaremos lo que los gatos necesitan y quieren, y lo que pueden pensar de nosotros, y trataremos de descifrar los defectos de nuestro enfoque humano y el efecto que pueden tener ciertos aspectos, como la cría o la adopción de un enfoque antropomórfico, que en ocasiones no es especialmente agradable para ellos. Espero que al final nos sintamos seguros a la hora de captar las señales de nuestro gato y sepamos reaccionar de forma que podamos entablar una relación más estrecha y satisfactoria.

En este libro he incluido más pensamientos que en el anterior, seguramente porque desde entonces he tenido muchos años para pensar todos los días en los gatos y a lo largo de ese tiempo he ido desarrollando unos sentimientos fuertes en ciertas áreas. Para ser sincera, en algunas de estas áreas puede que se trate de sentimientos basados en frustraciones relativas a nuestras actitudes, ya que a veces no tenemos a nuestros gatos tan en cuenta como deberíamos. He recogido algunas de estas ideas en el libro y, en el capítulo final, he utilizado a modo de ejemplo las observaciones que he hecho de mis gatos: son anécdotas basadas en tres animales. Está claro que analizar el comportamiento de los gatos que tengo ahora mismo no se puede considerar investigación ni ciencia, pero lo utilizo como ejemplo para ilustrar y cuestionar lo que puede significar un comportamiento determinado. Cada gato tiene su forma de ver la vida, y son precisamente estas diferencias las que pueden ayudarnos a aprender sobre todos los gatos en general. Por más que la investigación tenga que centrarse en conductas individuales y tratar de aislar lo que los afecta, todo esto es mucho más complicado en la vida diaria al convivir con nuestros propios gatos, por lo que hay que interpretarlo de una manera pragmática y comprensiva.

Me he referido a nuestros gatos como mascotas o gatos de compañía, pero estoy convencida de que los lectores saben que no pienso en ellos como meros animales domésticos y, de todas formas, tampoco tengo que llamarlos de otro modo para fomentar nuestra empatía con ellos. Espero que sea obvio que adoro a los gatos y los respeto, así que no creo que tenga que disculparme por ello y deseo que prevalezca la esencia del mensaje. También escribo *dueño* en lugar de *cuidador* porque estoy acostumbrada a hacerlo así, y porque la mayoría de la gente lo entiende y no necesita que se la convenza de que vivir con nuestros gatos va mucho más allá de «poseerlos» y cuidarlos lo mejor que podamos, ¡y de que muchas veces son ellos los que nos cuidan a nosotros!

Cuando nos acostumbramos a las cosas que forman parte de nuestra vida, podemos empezar a darlas por sentado, y hoy en día a los gatos se los tiene como mascotas en todo el mundo. ¿Qué pensaría un extraterrestre de una especie que convive estrechamente con otra tan distinta? Quizá deberíamos tomar distancia y ver las cosas desde ese punto de vista para darnos cuenta de lo que es lógico y lo que puede ser más bien extraño o unilateral..., ¡o lo que no tiene ningún sentido! El gato tiene mucha fama en todas las redes sociales del mundo, y muchas veces lo que vemos pueden ser comportamientos extremos debidos al miedo o un profundo afecto. ¿Podemos esperar entonces que todos los gatos sean iguales, sin tener en cuenta lo que es realmente un gato? ¿Ha cambiado nuestra actitud hacia los gatos o la forma en que esa actitud los afecta y el modo en que nos relacionamos con ellos?

En unos cien años, los gatos han pasado de ser animales que vivían cerca de nosotros y actuaban como controladores de plagas a convertirse en miembros de la familia. Tenemos muchas expectativas sobre cómo debería vivir con nosotros este animal que es capaz de adaptarse de un modo tan extraordinario, pero que en el fondo no está del todo domesticado. *Cómo hablar con tu gato* se centra en lo que nosotros pensamos que es la comunicación por excelencia, el habla, pero lo que ocurre en esa cúspide se basa en la comprensión, la empatía, la paciencia, la receptividad y el respeto hacia este animal tan fascinante.

CAPÍTULO 1

La «esencia» de los gatos

Vemos gatos todos los días, en nuestras casas, en las calles y en las redes sociales. Como nos resultan tan familiares, puede que creamos que sabemos cómo son al observarlos a través de algunos de nuestros filtros. ¿Significa esto que damos por sentado lo que son? Puede que pensemos en los gatos simplemente como animales que viven en nuestras casas, a los que alimentamos y acariciamos, y que forman parte de nuestras vidas como si fuera lo más normal. Creemos que están hechos para su papel de «mascotas». Sin embargo, cuanto más los observamos, más nos asombran. ¡Los gatos son muy complejos! El mérito de que puedan vivir tan bien con nosotros es más suyo que nuestro. En la medida en que los vamos entendiendo, también nos vamos dando cuenta de cuántas son las cosas que aún no sabemos, y queremos saber más.

En primer lugar, vamos a ver a los gatos como gatos, es decir, no como parte de una relación con nosotros, sino como las fascinantes criaturas que son. Para hacerlo, tendremos que dejar de lado nuestras opiniones sobre la caza, el amor y los mimos, sobre cómo vivimos con ellos o lo que vemos que hacen en las redes sociales, aunque solo sea por el momento. Y es importante que no se nos olvide la palabra *adaptación*, porque más adelante nos daremos cuenta de que el gato navega en una dicotomía entre el impulso central de los comportamientos naturales e innatos (en su mayoría, desarrollados antes de que los gatos llegaran a convivir con las personas) y su capacidad para vivir cerca de las personas que, en realidad, puede estar reñida con muchos de esos instintos.

Cómo han llegado a formar parte de nuestras vidas

Nuestros gatos domésticos descienden de los gatos monteses africanos, gatos de color arena con rayas atigradas que proceden del Creciente Fértil, una región que hoy situamos en Oriente Próximo, hacia el extremo oriental del Mediterráneo, que se extiende desde Turquía hasta el norte de África y, hacia el este, hasta los actuales Irak e Irán. Como cazadores, estos felinos llevaban un estilo de vida bastante solitario, excepto cuando se reproducían y se ocupaban de sus crías, al tiempo que la civilización humana estaba pasando de desplazarse con sus rebaños de animales a cultivar cereales y criar ganado. Estos gatos solitarios eran tanto presas como depredadores, y seguramente desconfiaban tanto de los animales más grandes como de las personas, reaccionando con rapidez para alejarse de situaciones peligrosas o de cualquier elemento que pudieran considerar una amenaza (lo cual es mucho cuando solo se pesa unos pocos kilos).

Cuando los humanos empezaron a cultivar alimentos alrededor de sus asentamientos, a almacenar grano y a criar animales, los roedores aprovecharon la mayor disponibilidad de alimentos, y los gatos, el aumento de sus presas. Los gatos que no se asustaban de la gente y las actividades que se desarrollaban en el entorno humano aprovecharon para acercarse. Una mejor alimentación y refugio los ayudó a sobrevivir, y pudieron reproducirse con más éxito, por lo que los gatos menos temerosos pudieron transmitir sus genes a su descendencia y así sucesivamente. Esta «domesticación» del gato se produjo hace entre cinco mil y ocho mil años. Hay muchas personas que sostendrán que los gatos todavía no se han domesticado como sí se ha hecho con los perros o los animales de granja, como el ganado vacuno o las ovejas. Sin embargo, habrá que reconocer que «utilizamos» a los animales de granja en nuestro beneficio, mientras que consideramos que con los gatos mantenemos una relación más recíproca y menos controladora (profundizaremos en ello en el capítulo 7).

Desde luego, en aquella época, hace muchos miles de años, los humanos se darían cuenta de lo útiles que eran los gatos para matar a los roedores que se alimentaban del grano y de su comida; y también apreciarían su belleza y se enamorarían del encanto de los cachorros (¿quién no?). Lo más probable es que desarrollaran relaciones distantes con los gatos que se quedaban con ellos, pero también es posible que se interesaran más por sus crías, aprovechando ese periodo de desarrollo temprano en el que los gatitos son menos temerosos y más propensos a entablar relaciones con otras especies para empezar a desarrollar relaciones más estrechas con otros gatos. Sabemos que los egipcios veneraban a los gatos, probablemente por todas estas razones, y que admiraban su capacidad de reproducción; de hecho, los consideraban tan valiosos que alcanzaron la categoría de dioses.

Es probable que los gatos hayan vivido cerca de los humanos durante diez mil años, y aunque la domesticación no haya sido tan fuerte o efectiva (desde el punto de vista humano) como con el perro, se cree que pudo empezar a expresarse genéticamente en unas pocas generaciones. Sin embargo, hay una diferencia entre estar «domesticado» y vivir junto a nosotros como mascotas. Los gatos conservan una gran parte de su independencia, e incluso hoy en día la mayoría de los gatos domésticos siguen siendo autosuficientes cuando lo necesitan y continúan siendo buenos cazadores, aunque se les proporcione comida.

Conservación de las características de los gatos salvajes

Veamos ahora algunas de las características de los gatos monteses, que siguen formando parte de nuestros felinos domésticos. Debemos entender que el aspecto y el comportamiento de los gatos se debe al hecho de ser cazadores y encontrarse en la cima de la cadena alimentaria (en cuanto a las pequeñas presas que capturan). La madre naturaleza ha perfeccionado su desarrollo de forma que puedan sobrevivir utilizando sus sentidos, su maravillosa agilidad y sus mentes curiosas. Tienen que poder hacerlo por sí mismos porque no son cazadores cooperativos (en la naturaleza, sin la contribución que ahora hacemos los humanos a su dieta), por lo que tienen que ser capaces de capturar y matar varias presas pequeñas al día para sobrevivir. Tenemos que aceptar que los gatos han evolucionado hasta convertirse en cazadores asombrosos, y eso determina gran parte de su comportamiento: ¡no son meros animalillos peludos que se sientan en el sofá y piden comida! Y también tenemos que darnos cuenta de que los gatos son lo que se denomina *carnívoros obligados*, es decir, animales que necesitan nutrientes específicos que solo pueden obtener comiendo carne. Por eso, aunque nosotros tengamos nuestras propias creencias en cuanto a la alimentación, coger a un animal que tiene un aspecto y conducta determinados porque es un excelente cazador, y tratar de convertirlo en vegetariano o vegano no es solo ignorar todos sus instintos y necesidades conductuales, sino poner en riesgo su salud.

Cuando sobreviven sin nuestra ayuda, los gatos tienen que hacerse con un territorio lo bastante grande como para proveerse de suficientes presas para poder sobrevivir. La competencia puede venir de otros animales, pero por lo menos pueden disuadir la competencia directa de otros gatos siendo muy territoriales. De ahí que sus instintos más arraigados los lleven a defender una zona marcándola de diversas formas para demostrar que ese es su territorio y ahuyentar a los demás. En su historia más reciente, los gatos han podido vivir en grupos de hembras emparentadas y sus crías si hay suficientes recursos (comida y refugio) para sobrevivir. Pero seguirán defendiéndose de otros gatos desconocidos que se unan a ellos y les arrebaten sus valiosos recursos.

Debido a la necesidad de defender su territorio, los gatos desarrollaron unos métodos de comunicación que consistían en mantener alejados a otros gatos, más que en animarlos a acercarse; excepto, brevemente, cuando se trataba de reproducirse. Para las hembras, el territorio debía permitir la cría de los cachorros; mientras que los machos patrullaban y defendían una zona más amplia a la que pudieran acceder las hembras, al tiempo que ellos mantenían a raya a los otros machos, y además tenía que ser una zona que les proporcionara oportunidades de caza para sobrevivir. La vida de un macho era probablemente intensa, dramática y bastante corta. Las gatas tendrían vidas menos violentas, pero con el estrés añadido de tener que mantener a sus gatitos y a sí mismas. Por supuesto, muchos gatos de todo el mundo siguen viviendo así o en grupos alejados de las personas.

¿Qué atributos físicos necesita este pequeño cazador para sobrevivir? Para cazar con éxito, tiene que encontrar presas, ser más astuto que ellas, atraparlas y matarlas con unos reflejos rapidísimos, y todo ello sin resultar herido. Al mismo tiempo, los gatos necesitan evitar el peligro porque ellos también son presas de animales más grandes. Nuestros pequeños felinos no pueden pasearse con la confianza de los leones o los tigres, que tienen pocos animales que los desafíen o los cacen.

Cómo experimentan el mundo

Si queremos entender cómo actúan los miembros de una especie completamente distinta y por qué lo hacen, puede resultar muy esclarecedor hacerse una idea de cómo ven su mundo. Tendremos que tomarnos a nosotros mismos como punto de referencia, fijarnos en las diferencias y usar la imaginación. Hay muchos animales que tienen sentidos y habilidades que son realmente extraordinarios en comparación con los nuestros, pero no convivimos con la mayoría de ellos. Sin embargo, nuestras mascotas forman parte de nuestras vidas y de nuestras familias, por lo que tenemos que intentar entender cómo experimentan el mundo que los rodea. Y como, desde luego, los gatos no evolucionaron para vivir en un hogar humano, todo esto también podría darnos una idea de algunas de las cosas que hacen instintivamente.

Cómo ven y oyen el mundo

Tendemos a suponer que todo gira en torno a la forma en que nos movemos por el mundo los seres humanos, altos, bastante rígidos y de movimientos lentos, con una buena vista diurna para los colores, un oído adecuado para recibir los sonidos de otros seres humanos y un olfato relativamente pobre (en comparación con el de muchos animales). Sin embargo, aunque los gatos viven en el mismo entorno físico que nosotros, ellos lo experimentan de una forma muy distinta.

Uno de los atributos más sorprendentes del gato son sus ojos, grandes y preciosos, y la belleza de esos ojos es una de las razones por las que nos sentimos tan atraídos por ellos. Los ojos de los gatos son relativamente grandes y están enmarcados en una cara redonda que recuerda a la de un bebé y que también nos gusta. Sin embargo, aunque es similar a la de muchos otros mamíferos, la estructura del ojo del gato tiene sus propias características y peculiaridades. Al parecer, los gatos no ven los colores como nosotros: ellos perciben el azul y el verde con tonos más apagados, y puede que vean los tonos rojos como grises opacos. Pensemos en cuando los gatos cazan con poca luz. Son cazadores crepusculares (cazan al amanecer y al atardecer), lo que significa que están activos con poca luz, cuando gran parte de sus presas también lo están, con la esperanza de ocultarse bajo el manto de la oscuridad. Los grandes ojos de los gatos tienen pupilas enormes que pueden dilatarse mucho para dejar pasar la luz, y también estrecharse hasta convertirse en pequeñas rendijas cuando hay mucha luminosidad. En ese momento, los bellos colores del iris, que pueden ir del azul al verde pasando por el ámbar, se hacen muy evidentes. Una capa reflectante ubicada en el interior del ojo, que aprovecha al máximo la luz disponible, y unas células fotosensibles de la retina hacen que los gatos puedan ver bien en lo que para nosotros serían condiciones de muy poca luz. Según parece, los gatos son capaces de ver con una luz seis veces más tenue que la que necesitamos nosotros.

Aunque no vean con la misma precisión que nosotros a la luz del día ni enfoquen tan bien los objetos cercanos (ven mejor entre dos y seis metros de distancia), cuando se trata de seguir un movimiento, el gato no se pierde un detalle. Unas células nerviosas especiales del cerebro responden al más mínimo movimiento, por lo que puede percibir la presencia de pequeños animales entre la maleza, lo cual es una ventaja evidente para un cazador. Siempre se ha pensado que el perro es el animal que tiene el oído más fino, pero en lo que respecta a la sensibilidad auditiva, el gato puede oír sonidos de frecuencia aún más alta que el perro y a una frecuencia mucho más alta que las personas, lo que significa que no se pierden los sonidos agudos que emiten los pequeños roedores, su presa principal.

Pero oír los sonidos no es suficiente: el gato tiene que ser capaz de localizar la fuente del sonido si quiere atrapar al animal que los emite. Las orejas de los gatos son muy flexibles y pueden girar de modo independiente, lo que les permite escudriñar y captar sonidos de los alrededores sin ni siquiera mover la cabeza; el sonido se canaliza hacia el oído interno, y de esta forma el gato recibe información muy precisa sobre la procedencia del sonido. Así puede realizar un movimiento veloz y no depender exclusivamente de la vista para encontrar la presa. Sus rapidísimos reflejos felinos, junto con la capacidad para calcular la distancia con gran precisión, hacen que el gato pueda localizar a su presa con gran exactitud y alcanzarla con una velocidad impresionante. Si la presa se queda inmóvil (una estratagema que muchos animales utilizan como estrategia de defensa), el gato puede perderla de vista. Pero el gato tiene una paciencia infinita, por lo que simplemente puede sentarse a esperar a que haya más movimiento para averiguar dónde está el animal cuando este crea que ya no corre peligro.

Cómo sienten el mundo

Al igual que otros mamíferos que responden al tacto, la presión, la temperatura y el dolor, el cuerpo del gato está cubierto de sensores. La mayoría de los seres humanos no están en contacto ni en sintonía con su entorno, pero el gato está rodeado de lo que podemos imaginar como un «campo de fuerza» sensorial que puede activar utilizando el pelaje, los bigotes, la nariz y las patas, es decir, pelos sensibles a pequeños movimientos y patas sensibles a las vibraciones.

Si hacemos un dibujo de un ser humano en el que el tamaño de las partes del cuerpo sea mayor o menor en función de su sensibilidad al tacto, la imagen distorsionada (llamada *homúnculo*) tendría grandes las manos, los labios, la lengua y los genitales, mientras que la espalda, las piernas, los pies y los brazos serían relativamente pequeños. Así indicamos que la yema de un dedo o la punta de la lengua pueden localizar una diminuta astilla en la piel y, en cambio, otras zonas son mucho menos sensibles. Si hacemos el mismo dibujo de un gato (que podríamos llamar *felúnculo*), el animal también tendría la cabeza grande (sobre todo, la lengua y la nariz) y unas patas enormes. Las almohadillas de las patas son muy sensibles al tacto y a las vibraciones (quizá por eso a muchos gatos no les gusta que les acaricien o les toquen las almohadillas). Curiosamente, aunque sean tan sensibles al tacto, las patas son relativamente insensibles al frío y al calor, y los gatos parecen ser capaces de caminar sobre suelos muy calientes sin mayores preocupaciones. Las únicas partes de su cuerpo que son muy sensibles a la temperatura son la nariz y el labio superior, que utilizan para evaluar la temperatura de la comida y el entorno. Los gatitos más pequeños utilizan el olfato para seguir el olor de su madre, pero también siguen con la nariz el gradiente de temperatura creciente para acercarse a ella. El resto del cuerpo parece ser mucho menos sensible al calor (al menos, desde nuestro punto de vista), ya que los gatos son capaces de sentarse sobre superficies muy calientes, como radiadores o junto al fuego. Quizá el que tengan su origen en países cálidos les permite soportar muy bien las altas temperaturas.

¿Os habéis dado cuenta de que si vuestros gatos están descansando y les ponéis la mano cerca pero sin tocarlos, ellos saben que estáis ahí? También saben (y no les gusta) si la mano con la que se los está acariciando está mojada. Lejos de ser una capa inerte sobre la piel, el pelo y el pelaje del gato son supersensibles y le dan mucha más información sobre su entorno de la que nosotros, con nuestras capas de ropa inerte y pelo bastante insensible en el cuerpo, podemos imaginar. El gato tiene un pelaje muy sensible y zonas de la piel ricas en nervios sensibles al tacto.

Unos pelos especializados conforman el bigote, pero estos no solo se encuentran en filas sobre el labio superior, sino también por encima de los ojos y en la barbilla. Estos pelos gruesos, llamados *vibrisas*, se encuentran asimismo en la parte trasera de las patas y son detectores que alertan al sistema nervioso del gato de lo que está tocando o de los movimientos de aire que se producen alrededor de su cuerpo. Esto lo ayuda a orientarse cuando se desplaza con poca luz, fijando la mirada en el movimiento que tiene delante, y todo ello retroalimenta el movimiento silencioso, alertándole del peligro y construyendo una imagen tridimensional del entorno. Los bigotes y los pelos que tiene a lo largo de los labios también le permiten sentir la posición de su presa en la boca y lo ayudan a orientarse para matar y comer. Así que, aunque solo lo veamos como algo bonito, suave y agradable al acariciar, el pelaje desempeña un papel muy importante en el funcionamiento del asombroso sistema sensorial del gato.

Cómo huelen y saborean el mundo

Si a estas alturas ya estáis empezando a adentraros en el mundo del gato —que recibe información de su entorno a través de una percepción de colores bastante apagados, pero también de una visión brillante en el crepúsculo, de sus bigotes «visuales», de sus almohadillas sensibles al tacto y a las vibraciones, y de un pelaje altamente sensible—, estáis preparados para lanzaros a un mundo aún más extraño: el del sentido del olfato. Imaginaos a los gatos moviéndose entre los olores del pasado y del presente, como si estuvieran nadando por un mar de colores y texturas que dan información sobre el entorno. Aunque nuestros sentidos de la vista y del oído son bastante buenos, cuando se trata del olfato, estamos peor equipados, por lo que podemos subestimar el efecto que este sentido tiene en nuestros gatos.

Los gatos tienen el mismo tipo de células detectoras de olores que nosotros en el revestimiento de la nariz, con las que identifican las sustancias que transporta el aire. Sin embargo, ellos tienen una membrana plegada que, en esa diminuta nariz, ocupa una superficie mayor que en la nuestra y tiene muchas más células, lo que les confiere una asombrosa sensibilidad a los olores. Cuando cazan, los gatos no se guían por el olfato como hacen los perros (aunque pueden identificar a sus presas por el olor); ellos acechan utilizando el oído y la vista. Utilizan más el sentido del olfato como medio de comunicación, para interpretar los mensajes y las marcas que dejan sus congéneres felinos y los miembros de su «familia», incluidas las personas y otros animales domésticos (lo veremos más adelante).

Con los receptores gustativos de la lengua reconocen las sustancias que chupan, lamen o mastican. La lengua del gato funciona como un peine y como órgano del gusto. En el centro tiene unas espinas orientadas hacia atrás que, además de servir para lamer la comida y desenredar el pelaje, los ayudan a sujetar a las presas. Las células de la lengua son sensibles a la temperatura y al gusto. Los gatos no tienen el sentido del sabor dulce: si bien a algunos gatos parece gustarles la comida que nosotros clasificaríamos como dulce, puede que no experimenten la misma sensación que los humanos. Dado que son carnívoros obligados (necesitan los componentes de la carne para sobrevivir), tampoco es de extrañar, ya que sus papilas gustativas están adaptadas para ser estimuladas por sustancias químicas que son componentes de las proteínas. Es probable que para ellos las grasas de las distintas carnes también huelan y sepan de otro modo.

Los gatos tienen, además, un sentido que combina el olfato y el gusto. Cuando los olores (sustancias químicas que se encuentran en el aire) quedan atrapados en la boca, el gato presiona la lengua contra el paladar para obligar al aire a entrar en un grueso tubo de cartílago de alrededor de un centímetro de longitud: este órgano (llamado *vomeronasal* u *órgano de Jacobson*), que está situado en la parte superior de la boca y se abre justo detrás de los dientes delanteros, le permite concentrar los olores y saborearlos al mismo tiempo. Se trata de un sentido que los seres humanos hemos perdido. Sin embargo, el gato no solo utiliza el órgano vomeronasal para detectar olores de comida: su función principal es captar lo que se denominan *feromonas*, que son señales químicas producidas, por ejemplo, por las gatas en celo.

Las feromonas afectan y cambian automáticamente el comportamiento de otro animal de la misma especie. Son similares a las hormonas, pero estas actúan internamente y solo afectan al animal que las segrega, mientras que las feromonas se segregan externamente e influyen en el comportamiento de los otros gatos. Muchos de los mensajes que se envían están relacionados con el estado reproductivo del animal, pero también sabemos que hay feromonas que comunican otros mensajes, como el miedo o el estrés. Cuando huele/saborea estas feromonas, el gato muestra un comportamiento extraño: se detiene, estira el cuello, abre ligeramente la boca y curva el labio superior para aspirar el aire hacia el lugar adecuado. En los gatos es bastante sutil, por lo que hay que observarlos con atención para notarlo, pero es posible que hayáis visto cómo lo hacen los caballos, que mueven la boca y los labios con mucha más facilidad y levantan el labio superior de una forma bastante cómica. Esta mueca se llama *reflejo de Flehmen* y puede verse en gatos machos y hembras, castrados o enteros. También se observa en respuesta a la hierba gatera y a la menta gatera.

Cómo se mueven por el mundo

Gracias a sus agudos sentidos del oído, del olfato y del tacto, el gato puede verse influido por factores de los que nosotros solo somos vagamente conscientes. Como extraordinario cazador que es, sus sentidos están afinados para ayudarlo a moverse rápida y silenciosamente por el mundo. Sus increíbles garras son retráctiles, y las utiliza para cazar, trepar o defenderse, pero las deja enfundadas para caminar en silencio. Con todos estos datos procedentes de sus sentidos, tiene que ser capaz de actuar con rapidez y decisión: un gato debe estar en forma, y ser más ágil y rápido que su presa. Su tamaño y forma compacta, equilibrados por una cola que, como muchos de los atributos físicos del gato, tiene usos tanto físicos como de comunicación, le permiten desplazarse no solo por el suelo, sino también trepar y saltar con facilidad. Flexible y raramente torpe, el gato tiene un físico con el que es capaz de realizar proezas muy superiores a las de un atleta humano. Un gato puede moverse por su mundo sin esfuerzo aparente, dar saltos que superan hasta varias veces su propia altura, trepar, brincar y equilibrarse con agilidad y confianza. Esto no quiere decir que no ocurran accidentes y caídas, que ocurren, pero su capacidad de girar en el aire para caer a cuatro patas hace que los gatos a menudo sobrevivan mejor que otros animales a una caída parecida.

La comunicación con otros gatos

Hasta ahora hemos hablado de los atributos de los gatos desde el punto de vista de la caza y la supervivencia. Pero muchas de las características físicas y sensoriales del gato tienen un doble propósito. Los gatos no solo utilizan su cuerpo ágil y sus grandiosos sentidos para cazar y evitar el peligro, sino también para comunicarse con otros gatos. Este es el siguiente paso para comprender mejor a nuestros gatos: ¿qué lenguaje corporal y qué comportamiento utilizan para comunicarse entre sí? ¿Cómo se transmiten la información?

Pensad en el estilo de vida de un gato que no vive con personas: es territorial, es decir, defiende un territorio en el que tiene la oportunidad de cazar suficientes presas para sobrevivir. Si hay comida en abundancia, es posible que otros gatos se reúnan en esa zona. Puede que hayáis visto gatos callejeros o de granja viviendo en colonias; en una población de gatos reproductores es probable que se trate de gatas y gatitos emparentados. Aun así, seguirán defendiendo la zona para impedir que entren otros. El método que utilizan para ello es dejar mensajes (páginas 26 y 27) para mantener a otros gatos a distancia y no tener que cruzarse con ellos o repelerlos físicamente (lo que puede causar lesiones).

La excepción es cuando las gatas entran en celo y buscan pareja: en este caso, los mensajes que envían son claras invitaciones de bienvenida. Dentro de un grupo, los gatos se comunican para comprobar cuáles son los miembros de la comunidad que no suponen una amenaza para ellos mediante el intercambio de olores individuales y la construcción de un perfil de olor de grupo. Los gatos no cooperan en la caza ni en la defensa, pero pueden compartir el cuidado de los cachorros. También utilizan el lenguaje corporal, que puede ser sutil (en el sentido de que los seres humanos no nos damos cuenta fácilmente, ¡aunque para los gatos será evidente!) o mucho más obvio y espectacular.

Intercambio de olores

Cuando los gatos que se conocen y se llevan bien se encuentran, se frotan la cabeza, los flancos y la cola, intercambiando olores y saludos, igual que nosotros le daríamos la mano o un beso a un amigo y mantendríamos una conversación informal con él. La postura de la cola erguida es una señal clara de que el gato con el que se encuentran es un amigo y es bienvenido, en cuyo caso podrían acercarse el uno al otro, nariz con nariz. Con esta postura también pueden explorarse mutuamente la región anal —donde las glándulas se hallan tanto por debajo como por encima de la cola—, solo para comprobar que tienen el olor adecuado. Además, el acicalamiento mutuo también contribuye al intercambio de olores y al desarrollo de un olor de grupo que les resulta familiar y los tranquiliza.

Otros mensajes tienen por objeto dejar información que pueda recibirse a distancia con el objetivo de mantener alejados a otros gatos. Los gatos dejan olores alrededor de su territorio para no cruzarse con otros. Al frotarse ligeramente contra las ramas u otros objetos, dejan una mancha de secreción oleosa que contiene su olor. También pueden frotar deliberadamente la zona de la barbilla o los labios contra el extremo de una rama para untar la punta con secreciones de las glándulas situadas alrededor de la boca. A los otros gatos les interesan mucho estos objetos impregnados de olor y, al ir pasando de uno a otro, muchas veces también van dejando su propio olor; así pueden saber cuándo han pasado por ahí otros gatos y dejar su mensaje. En los pequeños huecos de vallas y setos por los que se cuelan cuando patrullan el territorio también quedan manchas de secreción oleosa y olor que transmiten una información similar sobre su paso y la ocupación del territorio. De esta forma, los gatos pueden evitar por completo un territorio o incluso «compartirlo», moviéndose por la zona en distintos momentos para no encontrarse.

Los gatos tienen glándulas sudoríparas por todo el cuerpo, pero solo las de las almohadillas de las patas son similares a las nuestras. Estas secreciones mantienen húmedas las almohadillas y evitan que se agrieten y descamen (como vemos que les ocurre a los perros), y así se conservan sensibles y flexibles. La sensibilidad es especialmente importante durante la caza nocturna, cuando necesitan percibir lo que pisan sin perder de vista a su presa.

Cuando el gato araña un objeto ocurren tres cosas: deja una marca física y visible, deja un mensaje olfativo y retira las células muertas de las uñas viejas para sacar las puntas nuevas, que son vitales para mantener afiladas sus armas de caza. Pero la acción de arañar parece tener una utilidad adicional: es como si con ello quisieran presumir o llamar la atención, y esto es algo que tenemos que recordar cuando observamos cómo se comportan los gatos con nosotros y lo que podríamos deducir de su comportamiento.

Los gatos también usan la orina para enviar mensajes ubicándolos de forma que tengan el máximo efecto. Mediante este tipo de marcaje, el gato puede transmitir toda una serie de información sobre él; por ejemplo, si está en celo o si es un gato macho «entero» que está marcando el territorio. Suelen orinar en algún sitio que a otro gato le llegue a la altura de la nariz, y lo hacen mirando en dirección contraria al árbol, pared o arbusto, con la cola levantada, a veces sacudiendo la cola o moviendo las patas traseras como si estuvieran caminando; de este modo, lanzan el chorro de orina hacia atrás sobre la superficie vertical. Dejar la orina lejos del suelo también contribuye a que el viento transmita el olor. Según parece, la orina de un gato macho (que huele muy fuerte incluso para nuestra insensible nariz) puede ser detectada por otro a doce metros de distancia y el olor puede perdurar hasta dos semanas, dependiendo del tiempo que haga. Lo que sí es cierto es que durante días los otros gatos pueden saber mucho sobre él. Los marcadores químicos se descomponen a cierto ritmo (en función del clima), y así es como los otros gatos pueden saber cuánto tiempo hace que se depositó la orina y recabar información sobre el gato que la dejó. El lugar se irá cubriendo a medida que el olor se degrade, y otros gatos también podrían orinar encima.

Lenguaje corporal

Los gatos no son animales gregarios, por lo que no necesitan socializar, como los perros o las personas; es decir, no necesitan tener a otros a su alrededor para sentirse seguros. El gato prefiere la soledad, y aunque también puede ser flexible si las circunstancias u otro gato encajan bien con él, de hecho podría sentirse mucho más relajado si está solo. Por eso, los gatos no han desarrollado muchas habilidades de comunicación social que resulten evidentes, como las personas o los perros, porque no colaboran ni se comprometen a mantener la unión entre individuos. Cuando un gato quiere ser visto desde lo lejos, hace movimientos grandes y exagerados, pero cuando apunta a comunicarse de cerca, el comportamiento será mucho más sutil y difícil de notar (aunque será evidente para otros gatos, claro; volveremos sobre esto más adelante).

Si queréis percibir más claramente su lenguaje corporal, podríais observar cómo se comportan las crías o cómo juegan los gatos entre ellos. Para las crías, todo es excitante o aterrador, y sus emociones se expresan muy claramente con un lenguaje corporal exagerado. Del mismo modo, el lenguaje corporal entre machos rivales que no estén castrados puede ser ruidoso y reconocerse fácilmente: el objetivo es intimidar y ahuyentar a los rivales sin recurrir a la lucha real. Pero muchas veces comienzan con un duelo de miradas que puede no ser tan obvio para el observador humano, aunque sí tendrá un claro significado entre ellos.

A continuación, veremos algunos detalles del lenguaje corporal de la cabeza, la cola, los bigotes, las orejas, los ojos, etcétera. Mientras que todas estas señales tienen una función de supervivencia, muchas muestran también cómo se siente el gato. Pero, por otra parte, si las tomamos de forma aislada, puede que no ofrezcan una información completa, por lo que las emociones que expresa el gato pueden ser difíciles de distinguir y fáciles de malinterpretar (después veremos más detenidamente lo que nos comunican nuestros gatos). Por eso, para recibir la información completa, hay que tener en cuenta todo el cuerpo. Aislar un rasgo también puede inducir a error, porque las señales suelen cambiar rápidamente a medida que el estado de ánimo y la mente del gato se alteran y cambia la situación. El gato puede estar intentando parecer pequeño y esconderse de algo amenazador, en cuyo caso suele bajar las orejas, además de encoger las extremidades y la cola, agachar el cuerpo y la cabeza, dilatar las pupilas y evitar el contacto visual. Si quiere parecer más grande y amenazador, intentará dar la impresión de que el tamaño de su cuerpo es mayor erizando el pelo al tiempo que gira la cabeza para mirar fijamente a su rival. Un gato que recibe una amenaza puede volverse hacia un lado con el pelo erizado para intentar parecer lo bastante grande como para asustar al otro gato mientras se aleja muy lentamente sin desencadenar un ataque, o también podría intentar encogerse para parecer pequeño y esconderse. Todo esto es bastante llamativo, pero pueden ocurrir muchas más cosas en situaciones menos extremas, con posturas corporales menos evidentes.

Los gatos son muy observadores, lo cual los ayuda a encontrar presas, decidir si algo es peligroso o no, predecir acciones y aprender; a veces, simplemente son curiosos. Las crías aprenden observando a su madre y sus hermanos. Pero los ojos —relativamente grandes en comparación con el tamaño del cuerpo, lo que subraya la importancia de la vista— también son un medio excelente para transmitir sus emociones. Emociones como la excitación o el miedo provocan la liberación de sustancias químicas como la adrenalina que afectan al tamaño de la pupila, que puede pasar de ser una rendija a ocupar casi todo el ojo. Por tanto, el gato puede tener los ojos muy abiertos y con la pupila dilatada porque está oscuro o porque está asustado. Pero la comunicación no se reduce a los componentes del ojo: los gatos utilizan la mirada directa para pelear y amenazarse mutuamente sin recurrir a las peleas, que pueden provocar lesiones, por lo que reciben sensaciones en función de la forma en que se miran.

En cuanto a las orejas, los gatos pueden girarlas ciento ochenta grados y moverlas de modo independiente para seguir y localizar sonidos, y pueden darles un uso tanto emocional como funcional, lo que les permite transmitir sentimientos como el interés, el miedo, la ira, la confusión y la frustración. Hay grandes felinos que tienen marcas en la parte posterior de la oreja, probablemente para exagerar el movimiento o el mensaje que transmiten; otros tienen mechones en la parte superior de las orejas. Las orejas erguidas hacia delante muestran interés, comodidad y confianza. Otra postura clara es la que tiene forma de «u», con las orejas giradas, lo que parece indicar miedo, descontento o confusión: el gato es consciente de que algo no va del todo bien y está pensando qué hacer. También puede aplanar las orejas sobre la cabeza para tratar de evitar el contacto o pasar desapercibido. Y entre estos extremos, los gatos pueden adoptar muchas otras posiciones con las orejas, e incluso pueden hacer una cosa con una mientras hacen algo completamente distinto con la otra, pueden cambiarlas de posición muy rápidamente y también pueden girarlas para captar sonidos.

Un gato feliz y relajado suele sentarse con las orejas mirando hacia delante y ligeramente inclinadas hacia atrás. Cuando un ruido o un movimiento captan su atención, levanta aún más las orejas, con lo que se vuelven más «puntiagudas», porque los músculos de la frente tiran de ellas hacia dentro; es como cuando nosotros arrugamos el entrecejo al concentrarnos. Si las orejas empiezan a moverse o a girar, es probable que el gato se sienta ansioso o inseguro ante un ruido o una situación. Y si aumenta la ansiedad, mueve las orejas ligeramente hacia atrás y hacia abajo, en una posición más aplanada.

Como hemos visto, los bigotes tienen un uso funcional cuando el gato se mueve con poca luz o quiere averiguar la posición de una presa, pero también pueden dar pistas sobre cómo se siente. En realidad, los gatos pueden mover los bigotes mucho más de lo que imaginamos, recogiéndolos y manteniéndolos contra las mejillas para apartarlos o desplegándolos por delante del hocico para tocar algo, así como para transmitir excitación o interés.

El gato no utiliza la boca en los enfrentamientos agresivos

del mismo modo en que lo hacen los perros: puede gruñir sin mover la boca y utilizar el silbido que hace con la boca abierta para responder a una amenaza. Lamerse los labios puede ser un signo de ansiedad, pero no debe confundirse con esas ocasiones en las que los gatos se sientan con la lengua fuera, lo que parece ser simplemente un momento de relajación (¡y que nos suele hacer mucha gracia!).

Cuando un gato jadea o respira con la boca abierta no quiere decir que tenga calor, pero podría ser una señal de que tiene dificultades para respirar, por lo que debemos actuar en consecuencia. El bostezo que a menudo acompaña a un estiramiento lánguido al despertar se considera un signo de tranquilidad y satisfacción. Por supuesto, el gato muerde para defenderse, y puede provocar una lesión grave, porque los colmillos largos y estrechos causan una herida profunda con un pequeño orificio de entrada que luego puede cerrarse, con lo cual las bacterias pueden quedar atrapadas y crearse un absceso. Una mordedura de gato en una persona debe tomarse siempre muy en serio y tratarse con antibióticos.

Como todas las partes del cuerpo del gato que hemos visto hasta ahora, la cola tiene un papel funcional y de comunicación. Al cazar, el gato dobla la cola de forma aerodinámica hacia atrás hasta que la necesite como equilibrio para la acometida final sobre la presa. El gato también puede mostrar su interés y concentración moviendo la cola mientras observa a su presa. La cola del gato puede moverse de un lado a otro y de arriba abajo, lenta o rápidamente. La cola lo envuelve suavemente mientras duerme, pero también puede erguirse erizada (cola de cepillo) si está muy asustado. Cuando se encuentra con un congénere o una persona a los que considera amigos, el gato mueve la cola en posición vertical, echándola ligeramente hacia delante sobre la espalda y doblando un poco la punta hacia abajo. Un gatito que saluda a su madre correrá hacia ella con la cola levantada, luego la dejará caer sobre la grupa de la madre y se frotará en la parte superior de su cola intentando pedirle algo de la comida que haya traído a la guarida. Por lo tanto, levantar la cola es siempre una gran señal de bienvenida.

Cuando los gatitos juegan, suelen hacer movimientos exagerados que rara vez se ven en gatos adultos, a menos que se encuentren en estados de extrema emoción o durante el juego, cuando parecen recuperar la espontaneidad de los cachorros. La cola en forma de «u» invertida (cola de herradura) puede verse cuando las crías juegan entre ellas o cuando los gatos adultos juegan como locos y se persiguen unos a otros; tal vez sea la misma mezcla de miedo y excitación que les gusta tanto a los niños cuando juegan a esconderse o les leen un cuento de miedo. En general, los gatos mueven la cola despacio y aparentemente al azar, de un lado a otro, cuando parecen estar ociosos, como pensando qué van a hacer a continuación. Si observáis cómo juegan dos gatos, os daréis cuenta de que muchas veces el juego se pone brusco y termina con algún bufido (cuando nosotros nos poníamos demasiado nerviosos jugando, mi madre solía decir que alguno iba a «terminar llorando», y a veces parece que se podría decir lo mismo de los gatos). En esos momentos veréis cómo cambian la posición y la velocidad de barrido de la cola, ya que todo esto forma parte de la postura corporal y del movimiento. Las sacudidas violentas indican emociones fuertes. Se trata de comportamientos y movimientos generales, porque cada gato utiliza la cola a su manera en la vida cotidiana. En el capítulo 9 veremos cómo interpretar la forma en que nuestro gato usa la cola, pero por ahora vamos a quedarnos con la idea de que la emplea como herramienta de comunicación: cuanto más rápido se mueva y más se erice, más agitación transmite.

Este breve recorrido por el lenguaje corporal y el comportamiento de los gatos sirve de base para empezar a conocer la especie. Probablemente, desconocemos muchas de las señales más sutiles que los gatos se envían entre sí, pero poco a poco nos vamos haciendo una idea. Para hacer honor al título de este libro, *Cómo hablar con tu gato*, nos ayudará tomar prestado el primer «principio» de International Cat Care (aprender a respetar la especie y a conocer a cada gato), de forma que podamos llegar a entender a nuestro gato y cómo es con nosotros con todo este conocimiento sobre el comportamiento de la especie como telón de fondo.

Comunicación auditiva

Para los humanos, el término *hablar* designa la parte más importante de la comunicación, pero cuando hablamos con alguien, también estamos interpretando su lenguaje corporal y cómo está respondiendo, y además podemos contar con cierto conocimiento de esa persona. En este libro, *hablar* es un término amplio que abarca la forma de acercarnos a nuestro gato y comunicarnos con él.

Hasta ahora no nos hemos ocupado de los sonidos que emiten los gatos, que es lo que se entendería por *hablar*. Teniendo en cuenta lo mucho que valoramos la comunicación verbal y que los gatos son mascotas tan populares, la verdad es que sabemos o entendemos relativamente poco sobre los sonidos que emiten. Se dice que los gatos producen más de veinte sonidos, que se podrían agrupar en función del tipo de situaciones en que los usan.

Los gatos se comportan de forma diferente con las personas que con otros gatos, así que vamos a ver primero cómo «hablan» de tú a tú. Los gatos utilizan la comunicación vocal entre ellos en tres situaciones principales: entre la madre y la cría, y, entre gatos adultos, en la época de reproducción y para pelear. Y si añadimos a los seres humanos a la ecuación, también hay vocalizaciones entre gatos y personas. Las vocalizaciones de los gatos pueden ser fuertes o débiles, y pueden combinarse, repetirse o producirse al mismo tiempo. Los gatos emiten sonidos de forma ligeramente distinta a como lo hacemos nosotros: en su caso, la lengua desempeña un papel menos importante y los sonidos se producen más atrás, en la garganta. El aire se impulsa a distintas velocidades por las cuerdas vocales, que se extienden a lo largo de la laringe, lo que modifica la tensión de los músculos de la garganta y la boca y cambia las características de los sonidos. Los gatos utilizan sonidos distintos en situaciones distintas, lo que además puede ser un rasgo muy individual, sobre todo entre madres y crías. Como veremos, el mismo sonido de comunicación, como el maullido o el ronroneo, puede utilizarse en diferentes contextos.

Vamos a ver primero cómo se comunican los gatos entre sí y después veremos la forma en que se comunican con nosotros, puesto que se trata de algo adicional a su repertorio natural. Hay dos áreas de comunicación vocal que no vemos (ni oímos) muy a menudo en nuestros gatos: los sonidos que utilizan durante la reproducción y cuando entran en conflicto (o por lo menos esperamos no oírlos con demasiada frecuencia en nuestros hogares). Por último, hablaremos de los sonidos que son agradables para los gatos (y las personas) y los que utilizan cuando quieren hacer algo o fomentar la interacción.

Reproducción y señales de conflicto

Durante la época de reproducción, las gatas «llaman» emitiendo sonidos fuertes y prolongados, tipo maullido o gemido, que animan a los gatos machos a ir a buscarlas. Entre los machos se puede dar una fuerte competencia para encontrar una gata en celo, y los machos pueden lanzar maullidos o aullidos largos y fuertes para señalar su presencia tanto a las hembras como a los machos competidores. Si otro gato se acerca mucho, el aullido actúa como advertencia para evitar la lucha. Suele combinarse con gruñidos repetidos y aullidos-gruñidos. Las gatas también pueden utilizar estos sonidos como advertencia. Durante el apareamiento, las hembras emiten un gruñido bajo, y al final pueden lanzar un chillido y volverse agresivas con el macho. Son sonidos que pueden sonar bastante combativos.

En situaciones que no son amistosas, los gatos utilizan vocalizaciones como silbidos, bufidos, gruñidos, gruñidos cortos y aullidos para advertir, amenazar o asustar. Los gruñidos, ruidos sordos que emiten con la boca ligeramente abierta, los utilizan como advertencia, para que otro gato sepa que no quieren que se les acerque demasiado. Pueden emitir gruñidos junto con otros sonidos, como el silbido. El silbido es un sonido que producen expulsando el aire rápidamente con la boca abierta y enseñando los dientes, y suele ser un reflejo de sorpresa que asusta al otro gato. El bufido es un tipo de silbido más intenso, un sonido corto y explosivo que emiten al exhalar violentamente para advertir o asustar, una respuesta automática a algo que asusta.

Comunicación entre gatos y cachorros

Entre las vocalizaciones que hacen los gatos para comunicarse se encuentran muchos sonidos que utilizan las hembras y sus crías. Usan algunos de estos sonidos también con las personas; es encantador saber que utilizan automáticamente estos sonidos alentadores con nosotros. Aunque los gatitos nazcan con los ojos cerrados —y los mantengan así durante diez días— y un oído que no funciona plenamente hasta las cuatro semanas, son capaces de emitir sonidos muy pronto para que su madre los oiga.

Los investigadores han descubierto que los gatitos utilizan sonidos muy específicos para comunicarse con su madre si se sienten aislados, probablemente por estar lejos del nido o simplemente por sentirse solos al no estar acurrucados con los demás. Cada uno tiene su propio sonido, y así la madre puede identificar a cada cría. Al mismo tiempo, los gatitos reconocen el trino de su madre, que los tranquiliza cuando se acerca al nido. Este será el mismo sonido que utilice la madre para animar a los gatitos a explorar con ella el mundo exterior a medida que crezcan. El trino es una vocalización corta y aguda que recuerda un poco al chillido de un roedor o el piar de un pájaro, de ahí su nombre; si se usan varios juntos se consideran una secuencia de trinos. Cuando les lleva una presa a los gatitos, la gata emite otro sonido, parecido a una gárgara, que puede variar en función de la presa para que estén preparados; por ejemplo, si se trata de una rata y es más peligrosa que un ratón. Es una parte fascinante del comportamiento felino y probablemente haya mucho más que aprender sobre este aspecto de la comunicación entre gatos.

El ronroneo es otro medio de comunicación entre la gata y los gatitos: el ronroneo de la madre los tranquiliza, y ellos pueden ronronear para decirle que todo va bien. Es un sonido que no llega muy lejos, por lo que no alerta a los depredadores. A través del ronroneo, la madre se animará a alimentar a las crías, y estas, a alimentarse de ella. Además, los gatitos utilizan el ronroneo para animar a los demás a jugar o a hacer algo que ellos quieran (que no se nos olvide cuando analicemos la relación con nuestros gatos). Se puede decir mucho más sobre el ronroneo, pero lo veremos cuando nos paremos a hablar sobre las interacciones que se producen entre las personas y los gatos, ¡porque los gatos también pueden utilizar distintos ronroneos para animarnos!

Comunicación vocal entre gatos adultos

Los gatos rara vez maúllan entre ellos, tal vez porque no lo necesitan. Los investigadores afirman que nuestros gatos domésticos tienen una gama de comunicación vocal más desarrollada y compleja que sus primos monteses; aunque la verdad es que sabemos relativamente poco sobre los sonidos que hacen los gatos entre sí y lo que significan. Los científicos suponen que nuestros pequeños gatos domésticos no hacen mucho ruido para no llamar la atención de depredadores más grandes, que los verían como presas.

Otros sonidos más suaves, como el murmullo, los producen con la boca cerrada durante el acercamiento amistoso y el juego. Y en lo que parecen ser interacciones positivas, los gatos también se envían vocalizaciones unos a otros. Los artículos científicos incluyen chirridos, gorjeos y píos entre los sonidos que emiten, pero debo admitir que yo no he conseguido identificarlos individualmente ¡ni poner su nombre a cada uno!

Interacciones sonoras entre gatos y personas

Los científicos han descubierto que los gatos ferales (los que viven y se reproducen en el entorno humano, pero alejados de las personas y de forma bastante independiente) producen más gruñidos y maullidos que los que viven con personas. Esto podría indicar que viven en una situación que les produce más estrés y temor; lo cual no es de extrañar, puesto que dependen de sus propias habilidades para sobrevivir. Los gatos callejeros que viven en colonias tampoco suelen maullarse unos a otros. En estudios realizados en colonias de gatos ferales alimentados por personas se ha descubierto que los gatos no maullaban a las personas, pero parece ser que la comunicación vocal aumentaba conforme los gatos se iban acostumbrando a ellas.

En su evolución, los gatos han ajustado los sonidos que emiten de forma natural con otros gatos a las interacciones con los humanos y han adaptado la forma y el momento en que utilizan las vocalizaciones cambiando la intensidad y el tono de los sonidos. El maullido se utiliza raramente entre gatos, pero es el sonido que suelen usar con las personas para captar su atención; por ejemplo, muchas veces lo utilizan cuando creen que se les va a dar comida o para pedirles a sus dueños que los alimenten. El maullido tiene muchos usos, y lo hacen empezando a abrir la boca para luego ir cerrándola lentamente.

Los gatos pueden variar el sonido del maullido y nosotros podemos interpretarlo e incluso darnos cuenta de si es un maullido positivo o negativo; y, sorprendentemente, también pueden hacerlo exclusivamente para nosotros. Los gatos son animales inteligentes y saben interpretarnos bien: cuando reaccionamos a sus sonidos, aprenden lo que funciona mejor y adaptan el sonido. Es una gran herramienta de supervivencia.

¿Cuál es el sonido que más nos gusta del gato? El ronroneo. Los gatitos ronronean desde muy pequeños cuando inspiran y cuando espiran. Lo hacen con la boca cerrada, y es un sonido que pueden emitir junto con otras vocalizaciones simultáneamente. El sonido y la vibración se producen en la laringe al cambiar el flujo del aire. El diafragma y otros músculos no parecen ser tan necesarios para el ronroneo como para la respiración, cuyo ritmo aumenta si el gato ronronea.

Pueden ronronear durante horas, y el sonido puede variar en intensidad, desde el ronroneo fuerte, con su distintiva cadencia, hasta el suave, somnoliento o casi aburrido, con un ritmo indistinguible que hace pensar que probablemente se detendrá pronto. Además, el ronroneo suele ser más agudo cuando el gato busca atención. De hecho, se han distinguido dos tipos de ronroneo distintos: el ronroneo de placer, cuando están relajados y contentos, y el ronroneo de hambre o de búsqueda de atención, que los dueños perciben como más urgente e insistente.

Un estudio publicado en una revista especializada en investigaciones sobre el sonido demostró que los gatos pueden ronronear a frecuencias óptimas para aliviar el dolor e incluso reparar tejidos. Las frecuencias del ronroneo corresponden a frecuencias vibratorias y eléctricas que se utilizan en el tratamiento del crecimiento de los huesos y las fracturas óseas, el crecimiento de los músculos y la tensión muscular, el dolor, la acumulación de fluidos, la flexibilidad articular y las heridas. Un mecanismo interno de curación sería ventajoso, ya que reduciría el tiempo de recuperación y mantendría fuertes los músculos y los huesos en caso de sedentarismo.

Los gatos adultos se ronronean entre ellos de la misma forma tranquilizadora o para fomentar una reacción, como el acicalamiento por parte de un congénere, y pueden utilizar el ronroneo para liberar tensión cuando sienten dolor o para aplacar a un posible agresor cercano. ¿Utiliza el gato la sensación de bienestar asociada a la alimentación o a las interacciones positivas para tranquilizarse cuando siente dolor o miedo? Probablemente, aunque no lo sabemos con certeza. Pero, desde luego, utiliza el ronroneo con nosotros ¡y nos encanta! (Hablaremos sobre ello en el capítulo 8).

Otros sonidos

Los gatos emiten asimismo otros sonidos extraños que, por lo que sabemos, no se dirigen a las personas ni a otros gatos y no tienen ninguna función comunicativa, salvo que pudieran utilizarlos para señalar frustración o energía contenida. El extraño cacareo que suele producir un gato cuando ve algo que quiere, pero no puede alcanzar, como un pájaro al otro lado de la ventana, es un sonido de golpeteo que hace con la boca ligeramente abierta, echando los labios hacia atrás y entrechocando los dientes al abrir y cerrar rápidamente la mandíbula. El sonido es una combinación de chasquido de labios y castañeteo de dientes que se produce a medida que el gato se excita. Y al castañear, también puede emitir pequeños gemidos o chillidos.

Hay otra vocalización bastante insólita que hacen los gatos cuando traen una presa a casa. Consiste en un sonido bastante fuerte y gutural que se repite varias veces; si no lo vemos, hasta podríamos preguntarnos si no habrá entrado un gato desconocido en casa. Parece ser una señal para indicar que han llegado a casa con comida; a veces, las madres podrían utilizarla cuando los gatitos son más grandes y ella los está llamando para enseñarles a cazar y cómo enfrentarse a las presas. Cuando oímos ese sonido en casa, ¡ya sabemos que probablemente nos encontremos un ratón en el suelo!

Pues bien, estos son los conceptos básicos sobre cómo ven

el mundo los gatos y cómo se comunican entre sí utilizando la postura corporal, el comportamiento y el sonido. Es importante recordarlos, ya que a medida que avancemos nos ayudarán a comprender la forma en que los gatos se comportan con nosotros.

CAPÍTULO 2

Qué influye en la forma en que los gatos se comportan con las personas

Hasta ahora hemos observado a los gatos como si estuviéramos viendo un documental de David Attenborough sobre la vida salvaje, en el que el cámara se mantiene al margen y el público trata de deducir lo que ocurre sin la interferencia de las personas. Pero los gatos nos interesan sobre todo porque los tenemos como mascotas, como parte de la familia, y mantenemos un vínculo emocional con ellos. Hay millones de gatos en el mundo que existen gracias a las personas, al refugio y la comida que les proporcionamos (ya sea de un modo involuntario, con la basura entre la que pueden hurgar, o alimentándolos de verdad) y a nuestro deseo de tenerlos cerca. Tenemos la responsabilidad de cuidarlos independientemente de cómo vivan.

¿Qué ocurre cuando añadimos a las personas en la ecuación? ¿Cómo les afectamos y cómo podemos entenderlos mejor para estar seguros de que los cuidamos lo mejor posible?

Cómo convivimos con los gatos

Antes que nada, vamos a ver la variedad de estilos de vida que tienen los gatos y qué influencia ejerce en ella el ser humano.

Hay pocos lugares en el mundo donde los gatos sobrevivan solos, sin entrar en contacto con nosotros. No todos son mascotas: pensemos, por ejemplo, en los que vemos cuando estamos de vacaciones por los países del Mediterráneo, donde sobreviven en las calles. International Cat Care tiene un magnífico diagrama (véase más abajo) que muestra la variedad de estilos de vida de los gatos, lo que nos ayuda a entender por qué no todos son iguales y por qué algunos son más capaces de vivir con nosotros. Sabiendo esto podemos aprender a ayudarlos de forma respetuosa con sus estilos de vida y sus experiencias.

Imagen cedida por International Cat Care que muestra los diferentes estilos de vida de los gatos según estén adaptados a una vida independiente en libertad o a vivir con nosotros como mascotas.

Veamos las distintas categorías. Un animal feral es el que vive en libertad, pero desciende de individuos domesticados. A muchos gatos se los llama *ferales* o *asilvestrados* solo porque viven en la calle, y es un término que se utiliza de forma diferente en las distintas partes del mundo, normalmente para indicar que no es un animal de compañía. Sin embargo, los que diríamos que son verdaderamente ferales viven en zonas deshabitadas; su estilo de vida se desarrolla en lo que llamamos *libertad*, en el sentido de que van y vienen a su antojo, viviendo de forma independiente y sin la intervención del ser humano. Probablemente son descendientes de otros gatos ferales, viven al aire libre y cazan para sobrevivir; están a muchas generaciones de distancia de los gatos que han vivido con personas, no están acostumbrados a ellas y no querrían estar confinados en un hogar humano.

Los gatos callejeros son los que vemos a menudo en vacaciones, por ejemplo, en el Mediterráneo; viven al aire libre, sobreviven cazando y rebuscando entre la basura, y muchas veces también reciben alimentos del ser humano. Pueden vivir en colonias alrededor de zonas en las que hay comida, como cerca de hoteles o puertos en los que rebuscan comida o donde hay personas que los alimentan. Pueden parecer amistosos cuando se acercan a estas personas o a las que están comiendo al aire libre en los restaurantes, pero seguramente no les gustaría que los cogieran y los confinaran. De hecho, lo más probable es que se angustiaran mucho si se les obligara a vivir en un hogar humano.

Los gatos de compañía o *mascotas* son los que viven con nosotros en nuestras casas, a veces exclusivamente en el interior y otras veces con acceso al exterior. Disfrutan relacionándose con nosotros y están acostumbrados a los seres humanos; incluso interaccionan tranquilamente con desconocidos. Si un gato de compañía se pierde o es abandonado, podemos llamarlo *gato vagabundo*.

Cuando trabajaba estrechamente con Vicky Halls, en International Cat Care, pensábamos mucho en los gatos que estaban en centros de acogida (también conocidos como protectoras de animales o centros de adopción). Algunos son sociables e interactúan con la gente cuando entra; otros se pasan todo el día escondidos entre las mantas o en el arenero. Cuando los gatos llegan a un centro de acogida, casi todos se asustan ante las nuevas vistas, sonidos y olores, e intentan esconderse. Hay algunos que salen pronto e interactúan, mientras que otros se quedan atrapados entre la ansiedad y el miedo. A estos últimos les hemos dado un nombre nuevo: *intermedios*. Estos gatos han vivido como animales de compañía, es decir, han estado al cuidado de otras personas en sus casas, pero la relación no fue muy satisfactoria porque estos gatos se sentían muy incómodos con la gente. Es probable que de pequeños no tuvieran una buena socialización con los seres humanos (lo veremos más adelante en este capítulo), ya fuera en cuanto a cantidad o calidad, y como resultado ahora tienen miedo y ansiedad. Los dueños de gatos intermedios suelen contar cómo su gato se esconde de ellos o está callado (o los araña, muerde, silba o gruñe si intentan cogerlo) y desaparece en cuanto ven llegar a otras personas. En estos casos, el gato puede pasar mucho tiempo fuera y luego entrar para comer, beber y calentarse. Puede orinar o defecar en casa porque está estresado. Es un gato que se siente incómodo en un entorno humano, por lo que podría decepcionar a los dueños que desean un animal al que le guste que lo acaricien o cojan, lo que llamaríamos un *gato de compañía*.

Al hablar de los gatos, la mayoría de las personas nos referimos a ellos como mascotas. El diccionario define a un animal de compañía como «un animal doméstico o domesticado que se tiene para que nos haga compañía o por placer». Pero parece una definición muy parcial, basada en la necesidad de compañía o placer de la persona, sin tener en cuenta la necesidad de compañía o el placer del animal. Queremos gatos que estén contentos de estar con nosotros y que no necesiten ser «domesticados» para compartir el espacio con nosotros. Queremos que vean su vida con nosotros como algo agradable y tener una relación en la que nos sintamos cómodos el uno con el otro.

Cómo son los gatos de compañía

¿Cómo podemos tener estilos de vida tan diferentes? Los gatos no nacen queriendo ser animales de compañía. Los gatitos no tienen ningún concepto de lo que es ser una mascota ni de lo que significa vivir en un entorno humano. Podríamos definir tener una mascota como una situación en la que gatos y humanos conviven cómodamente, beneficiándose ambos de la relación. Un gato que viva con lo que podríamos llamar un «dueño» responsable se beneficiará de los cuidados veterinarios y disfrutará de comida, cobijo y calor. Nosotros querremos acariciarlo, cogerlo e incluso abrazarlo y besarlo, y esperaremos que él al menos lo tolere, y que, en el mejor de los casos, demuestre que lo disfruta. Es comprensible que queramos esto para todos los gatitos. Sin embargo, estar cerca de nosotros puede ser muy estresante para algunos de ellos. Entonces ¿por qué unos disfrutan estando con nosotros mientras que a otros los asustamos tanto?

El que a un gato le guste vivir con personas o prefiera evitarlas se debe a una combinación de factores: los genes heredados de sus padres, el efecto que haya tenido el entorno sobre la madre cuando estaba preñada (que probablemente repercutirá en las crías) y las experiencias del gatito, sobre todo las de los dos primeros meses de vida, pero también sus experiencias posteriores.

Es lógico que, al igual que nos ocurre a las personas, las tendencias de comportamiento y los rasgos de temperamento de los gatos se hereden genéticamente de los padres. Algunas personas parecen más nerviosas o temerosas que otras, como también las hay más seguras y audaces. Si un cachorro es genéticamente propenso a ser más miedoso, acostumbrarlo a la vida como gato de compañía y a convivir con la gente será mucho más difícil.

Una de las formas más claras de ver cómo la selección de determinados genes produce distintos tipos de gatos es observar la variedad de apariencias físicas que se encuentran en las distintas razas. Las variaciones, que son evidentes, incluyen el tamaño y la forma del cuerpo, la forma de la cabeza y el tipo de manto, su longitud y color. Las razas se mantienen permitiendo que los gatos con determinadas características se apareen únicamente con otros gatos similares o introduciendo variaciones de forma controlada. Utilizando este método selectivo en el apareamiento, hay muchas posibilidades de que la disposición para determinados comportamientos se transmita a la siguiente generación junto con las características físicas (profundizaremos sobre las razas en el capítulo 7).

Todavía estamos aprendiendo cómo nos desarrollamos los seres humanos y de qué forma pueden afectarnos a lo largo de la vida las experiencias de los primeros años. Gracias a la investigación, ahora comprendemos mejor el desarrollo de los cachorros, pero seguramente sigue habiendo muchas cosas que no sabemos. Con todo, parece que hay un momento en el que un animal joven se ve especialmente influido por su entorno, por cómo aprende de las experiencias y por cómo procesa esa información. Los conductistas llaman a esa época *periodo sensible*, y en el caso de los gatitos comienza en los dos primeros meses de vida. Si nos paramos a pensar en lo rápido que los gatitos tienen que pasar de la indefensión a la independencia, no es de extrañar que ese sea el momento en el que el cerebro tiene que aprender rápidamente lo que está bien y lo que hay que evitar. En ese momento todavía están protegidos por su madre, que los orienta mientras aprenden. Después tendrán que reaccionar rápida e instintivamente para sobrevivir. Si tienen experiencias positivas con personas u otros animales durante este periodo, lo más seguro es que sus respuestas sean positivas de por vida, porque los procesos cerebrales se han establecido, y, una vez que termina esa etapa, el cerebro es menos plástico y tiene menos capacidad de adaptarse. Si durante ese tiempo han tenido una mala experiencia con las personas, o no han tenido ninguna, es posible que la creación de vínculos no se produzca automáticamente y que los gatitos se conviertan en gatos que temen a las personas.

Este breve periodo puede influir mucho en la forma en que los gatos afrontan la vida en general, y de hecho lo hará durante toda la vida. Las relaciones que dependen de la familiaridad se gestan en esta época, en la que los seres humanos y otras especies, como los perros, pueden incorporarse al grupo social del gato, que responderá a ellos sin miedo. Pero si no se produce la exposición adecuada, algunas habilidades nunca llegan a desarrollarse o lo hacen solo parcialmente, lo que da lugar a un miedo irreversible cuando el gato se encuentra con personas o perros, por ejemplo.

Durante este periodo crítico, los gatitos también se acostumbran a sonidos, imágenes, olores, sensaciones táctiles y actividades que tienen lugar a su alrededor. Comienzan a reconocer lo que debería asustarlos y a evitarlo, aprendiendo rápidamente a establecer respuestas a las que puedan recurrir cuando sean independientes y tengan que tomar decisiones rápidas para protegerse. Si lo aprenden bien, los gatitos sabrán reconocer las cosas inofensivas y ser menos reactivos ante ellas. Los cachorros que experimentan una amplia gama de situaciones durante esa época y aprenden a afrontarlas son capaces de aplicar esta habilidad a la vida en general, por lo que aumenta su capacidad para enfrentarse a un entorno cambiante, como un hogar humano. Pero si los gatitos nacen y se desarrollan durante este periodo en un entorno que no les da la oportunidad de experimentar y acostumbrarse a las cosas que suelen encontrarse en un hogar humano, lo que queremos que encuentren tranquilizador en nuestros hogares puede causarles estrés y miedo.

Todo esto pone de manifiesto la enorme responsabilidad que tienen las personas que crían gatitos a propósito (criadores) o accidentalmente (porque no han esterilizado a su gata a tiempo para evitar que se quede preñada cuando entra en celo). Lo que hagan con los cachorros y alrededor de ellos en esos dos primeros meses de vida influirá sustancialmente en su futuro, haciendo que se sientan felices y relajados como animales de compañía o no. Los gatos que se sienten estresados por estar en hogares humanos pueden intentar lidiar con el entorno escondiéndose o marcando con orina, acciones que mucha gente considera «comportamientos problemáticos», pero que en realidad no son más que conductas naturales cuando intentan hacer frente al miedo o la ansiedad.

Los cachorros deben acostumbrarse a que se los acaricie, se los levante y se los coja en brazos. El objetivo es que los gatitos se sientan bien con todas estas atenciones. Es fundamental que se los maneje con suavidad y sin amenazas, de modo que se sientan seguros. Al igual que con los niños, es mejor elegir momentos en los que puedan concentrarse y disfrutar de la interacción, que cuando estén cansados o muy excitados. Las investigaciones han demostrado que si se los coge y se les habla con suavidad durante el periodo sensible (hasta las siete u ocho semanas de edad), de unos cuarenta a ciento veinte minutos al día repartidos en varias sesiones breves, los gatitos se sentirán más seguros a la hora de acercarse a las personas y es más probable que disfruten del contacto físico con ellas. Manejarlos en presencia de una madre tranquila y de las otras crías de la camada también contribuirá a que lo perciban como una experiencia positiva.

A veces podemos darnos cuenta de que nuestro gato está a gusto con nosotros, pero se asusta con otras personas de distinto sexo o edad: probablemente son personas muy diferentes al único dueño que tuvo durante el periodo sensible. Conocer a personas de diferentes edades, sexo, tamaño, etcétera, ayuda a los gatitos a aceptar las diferencias más adelante, porque la variedad de las personas se convierte en algo normal. Los estudios han demostrado que cuando hay cuatro o cinco personas distintas (hombres y mujeres, adultos y niños) que tengan contacto físico con los gatitos antes de las siete semanas de edad, estos se sentirán más felices de estar con gente cuando sean adultos, y es probable que interactúen más. En cambio, los gatos que solo conocen a una persona pueden mostrarse afectuosos con ella, pero ven a las demás como una amenaza y es más probable que las eviten.

Ir exponiéndolos cuidadosa y gradualmente a los numerosos sonidos, imágenes, sabores, texturas, olores y actividades como las que se pueden encontrar en un estilo de vida doméstico normal (aspiradora, lavadora, televisión, alfombras, viajes en coche) ayudará mucho a que los cachorros lleguen a convertirse en gatos que se sienten a gusto en un hogar humano con actividades humanas.

Lógicamente, los gatitos siguen aprendiendo después de las primeras ocho semanas, y si el aprendizaje ha empezado bien, no serán miedosos y podrán interactuar y descubrir cosas nuevas sintiéndose seguros de sí mismos. Pero si se han perdido esas primeras experiencias, es muy probable que intenten huir o que estén demasiado asustados para aprender. De manera que lo positivo se construye sobre lo positivo, y parece que, por desgracia, si los gatitos se pierden esas primeras experiencias con las personas y su entorno, puede que nunca lleguen a ser capaces de compensar esa carencia ni de superar el temor que les produce el hogar humano. Los expertos creen que la actitud de un cachorro hacia las personas perdurará al menos tres años, aunque probablemente se mantenga toda la vida.

Otro factor que puede afectar a la capacidad de un cachorro para enfrentarse al mundo y a sus retos es el grado de estrés o relajación que tuvo su madre durante el embarazo. Aunque no se ha estudiado específicamente en gatos, muchas crías nacidas de otros mamíferos que han sufrido estrés durante la gestación pueden padecer lo que se denomina *efectos epigenéticos*. Esto significa que las condiciones ambientales estresantes parecen afectar a las crías, haciendo que reaccionen más al estrés, lo que puede dificultar aún más que estos gatitos se conviertan en adultos capaces de convivir sin miedo con los seres humanos. En cualquier caso, el temperamento de la madre y su actitud hacia las personas también influirá en los cachorros si la ven relacionarse de forma tranquila y positiva con la gente. Desgraciadamente, no comprendemos bien los aprendizajes vitales que tienen lugar entre la madre y los gatitos, y cuando intentamos criar gatitos que han perdido a su madre nos damos cuenta de que no es tan fácil como limitarse a alimentarlos. No sabemos cómo las madres trasmiten su comportamiento a las crías. No es raro que algunos gatitos que se han criado sin madre sean difíciles de tratar, exigentes y aparentemente agresivos cuando no consiguen lo que quieren; podría estar relacionado con el aprendizaje de cómo manejar la frustración, pero solo es una suposición.

¿Las características de los cachorros persisten en la edad adulta? Si elegimos un gatito por su confianza y simpatía, ¿cambiará a medida que crezca? O lo que quizá sea más importante, si nos hacemos cargo de un gatito nervioso o miedoso, ¿crecerá más confiado? Algunos estudios han demostrado que los gatitos que son curiosos y activos a los cuatro meses pueden seguir siéndolo con un año de edad, tal vez debido a su audacia o confianza.

Si un cachorro ha tenido buenas experiencias tempranas con los seres humanos, será mucho más resistente a las experiencias negativas, por lo que podría necesitar varias experiencias negativas para volverse receloso con las personas, y como gato adulto será capaz de ser amistoso y confiado con una persona que no conoce. Un gato que no haya tenido las experiencias adecuadas de cachorro ni en sus primeros años de vida puede necesitar un gran número de experiencias positivas antes de poder aceptar a una nueva persona, y al mismo tiempo solo necesitará unas pocas experiencias negativas para darse cuenta de que en realidad tenía razón al no fiarse de ellas; y si al tener miedo, se esconde y sobrevive, sentirá que ha tomado la decisión correcta, ¡lo que refuerza la decisión de mantenerse alejado de la gente en el futuro!

Así pues, el entorno en el que vivió su madre durante la gestación, la genética y las primeras experiencias del cachorro se combinan en la formación de su carácter y afectan a su forma de enfrentarse al mundo, los retos y los cambios. Por otra parte, el comportamiento de un gato también puede depender de la situación en la que se encuentre. Un gato que es muy tranquilo en una situación puede reaccionar de un modo que parece agresivo en otra distinta: ser conscientes de ello puede ayudarnos a comprender algunos comportamientos de nuestros gatos que podrían parecernos incoherentes. Además, la actitud que tenemos con nuestros felinos y la manera en que nos comportamos con ellos también pueden influir mucho en su comportamiento (retomaremos el tema más adelante).

Ya hemos visto cómo se desarrollan los gatitos en las primeras semanas y cómo les influye para el resto de la vida, y hemos analizado qué hace que un gato tenga un determinado carácter, desde la genética hasta sus primeras experiencias, lo cual a su vez afectará a su modo de afrontar los retos y las relaciones. Pero esto es solo la base de su carácter, por lo que podemos tener gatos nerviosos o miedosos, o gatos audaces y seguros de sí mismos que afronten la vida de formas distintas. Pero, entonces, ¿qué más puede afectar a la forma en que nuestro gato se comporta con nosotros?

La edad

La base del carácter del gato se crea cuando aún es muy pequeño, pero a lo largo de los años el gato sigue aprendiendo y desarrollándose. Puede ser muy difícil determinar la edad de un gato con solo mirarlo. ¿Cuándo es adolescente o cuándo entra en la mediana edad? ¿Se multiplica la edad de un gato por siete para compararla con los años humanos, igual que siempre se ha hecho con los perros? Esta es una forma fácil, pero demasiado directa de calcular la edad. International Cat Care ha elaborado un diagrama (véase la página siguiente) que muestra la equivalencia de la edad, teniendo en cuenta la rapidez con la que se desarrollan los gatos y cuándo maduran a nivel físico y comportamental. Los gatos envejecen bastante bien; no se vuelven grises como sus primos caninos, aunque el manto les puede cambiar un poco de color, del negro al marrón. Además, conservan gran parte de su agraciada movilidad hasta la vejez y a veces pueden seguir jugando como gatitos hasta una edad avanzada. Y aunque padezcan artritis, como es el caso de un número sorprendente de gatos, disimulan excepcionalmente bien el dolor, por lo que no cojean ni muestran apenas signos de dolor. Pero, como veremos, hay cosas que pueden darnos pistas si nos fijamos.

Para el tamaño que tienen, los gatos viven bastante tiempo. En general, los animales más grandes viven más que los pequeños: pensemos en un elefante y un ratón. Las tortugas, el ser humano y otros pocos animales son excepciones. Un mamífero pequeño, como un ratón, puede vivir unos dos años; un conejo doméstico suele vivir una media de ocho años, y un perro, de siete a veinte, dependiendo de la raza o del tamaño, la actividad que desarrolla o ambos factores. El gato es un poco más

¿CUÁNTOS AÑOS TIENE TU GATO?

	Etapa de la vida	Edad de gato	Edad equivalente en humanos
	**Cachorro o gatito** Nacimiento-6 meses	0-1 mes	0-1 años
		2 meses	2 años
		3 meses	4 años
		4 meses	6 años
		5 meses	8 años
		6 meses	10 años
	**Gato joven** 7 meses-2 años	7 meses	12 años
		12 meses	15 años
		18 meses	21 años
		2 años	24 años
	**Gato adulto** 3-6 años	3 años	28 años
		4 años	32 años
		5 años	36 años
		6 años	40 años
	**Gato maduro** 7-10 años	7 años	44 años
		8 años	48 años
		9 años	52 años
		10 años	56 años
	**Gato de edad avanzada** 11-14 años	11 años	60 años
		12 años	64 años
		13 años	68 años
		14 años	72 años
	**Gato adulto mayor** 15 años o más	15 años	76 años
		16 años	80 años
		17 años	84 años
		18 años	88 años
		19 años	92 años
		20 años	96 años
		21 años	100 años
		22 años	104 años
		23 años	108 años
		24 años	112 años
		25 años	116 años

Imagen cedida por International Cat Care.

grande que un conejo medio (y más pequeño que algunas razas de conejos gigantes), pero como media vivirá de doce a catorce años. No es raro que los gatos lleguen a rozar los veinte años o incluso a cumplir algunos más. Podemos pensar que nuestros gatos pasan por seis etapas, de cachorro a adulto mayor.

La primera etapa de la vida de un gato es la de cachorro, pero no permanecen en ella durante mucho tiempo: a los seis meses ya han crecido y aprendido rápidamente. Los gatitos llegan a un periodo en el que, si no están esterilizados, y dependiendo de la época del año, la temperatura y la duración del día, son capaces de empezar a criar por sí mismos. La rapidez de esta evolución suele sorprender a los dueños, que no se esperan que su gatito pueda convertirse en padre. La mayoría de las organizaciones de protección de animales aconsejan esterilizar a las gatas de compañía a los cuatro meses para evitar que se conviertan en madres a una edad tan temprana.

Durante este primer periodo de seis meses, un cachorro tiene que pasar de nacer indefenso, con los ojos cerrados y sin poder hacer mucho más que acurrucarse junto a su madre y beber leche, a ser capaz de utilizar su asombrosa agilidad y sus sentidos para sobrevivir cazando (si tuviera que hacerlo). Su madre podría haber tenido ya otra camada en esta fase, dado que puede volver rápidamente al celo y la gestación solo dura nueve semanas. De ahí que las crías necesiten ser potencialmente independientes muy pronto. Si el cachorro no está al cuidado de personas, el duro mundo será todo un reto, por lo que los gatitos necesitan aprender rápido y ser autosuficientes a una edad muy temprana. Basta pensar que la edad de seis meses equivale a la de un ser humano de diez años, a un paso de la pubertad. Es un periodo en el que los gatos gustan mucho, pero en el que su curiosidad también puede crearles problemas. Ser consciente de los peligros que puedan correr dentro y fuera de casa puede ayudar a que el gato supere esta etapa de forma segura.

También tenemos que darles el mejor comienzo en cuanto a salud, organizando las vacunaciones, desparasitaciones, tratamientos antipulgas y, por supuesto, la esterilización (véase el capítulo 5). Hacer que se acostumbren de forma divertida y no traumática al contacto físico necesario para poder llevar a cabo las revisiones veterinarias, las limpiezas dentales, la toma de comprimidos, el acicalamiento, el uso del transportín y los viajes en coche, por ejemplo, influirá mucho en el futuro de nuestro gato. El libro de Sarah Ellis *The Trainable Cat (Adiestra a tu gato: Cómo hacer que tu gato y tú seáis más felices)** y la página web de International Cat Care ofrecen muchos recursos que pueden ayudarnos a acostumbrar a nuestros gatos a todos estos elementos del mundo humano. Acostumbrar al gatito a su nombre y recompensarlo por venir cuando lo llamamos nos ayudará cuando queramos pedirle que venga. Proporcionarle una amplia gama de alimentos con los que pueda familiarizarse (húmedos, secos, etcétera) podría ser muy útil en el futuro si tuviéramos que cambiar su dieta. Los gatos suelen ser bastante testarudos con el tema de la comida, pero puede que más adelante sea necesario cambiarle el tipo de alimentación, pasando de una seca a una húmeda si sufriera problemas renales, por ejemplo. También es el momento de estar atentos y no fomentar comportamientos que no vayan bien cuando pase de ser tan pequeño y tan mono a tener unas garras y dientes más grandes y afilados. El mejor ejemplo es jugar con los gatitos con las manos, moviendo nuestros dedos de un lado a otro, lo que fo-

* Kitsune Books, Barcelona, 2018.

menta la persecución, el agarre, los mordiscos y los arañazos. Les damos cuerda cuando son pequeñitos y luego queremos castigarlos cuando crecen y nos hacen daño al morder o agarrarse con las uñas. Pero entonces el gato no sabe qué hacer, y esto puede perjudicar la relación.

La etapa de la juventud abarca desde los siete meses hasta los dos años (el segundo año incluido), siendo el paso intermedio que lo llevará de ser cachorro a alcanzar la edad adulta madura. Pensemos en una persona de entre once y veinticuatro años: crece físicamente a un ritmo más lento que un gatito, pero madura y se familiariza con el mundo en el que vive (o eso se espera). El gatito se hace adulto y sabe cómo desenvolverse en su entorno y sobrevivir. Sin duda, sigue aprendiendo, y la experiencia de sus primeros años influirá en su forma de abordar las distintas situaciones. El gato se encuentra en una fase de curiosidad, y puede ser el momento en el que empecemos a dejarlo salir, ¡lo que siempre resulta bastante angustioso! Ahora es cuando entran en juego las lecciones sobre cómo acudir cuando se le llama para traerlo de vuelta rápidamente, de manera que se acostumbre a las vías de entrada y salida de la casa o aprenda a utilizar una gatera.

Cuando un gato llega a su tercer año, ya ha dejado de crecer y ha alcanzado la madurez conductual. Se ha producido la transición del comportamiento de gatito al de gato adulto. Entre los tres y los seis años se habla del periodo de plenitud: el gato ha crecido completamente, está sano y activo, lustroso y brillante, y se sabe mover por la vida. Equivale a tener entre veinticinco y cuarenta años en la edad humana. Nuestro gato ya es adulto y es probable que conozca los hábitos y ritmos del hogar y de su territorio.

Entre los siete y diez años, lo que en los humanos equivale

a una edad de entre cuarenta y cinco y cincuenta y cinco años, se dice que los gatos son maduros, es decir, son maduros física y emocionalmente, están sanos y en forma (se espera), y son casi un miembro más de la familia. Es probable que nos tengan controlados y hayan desarrollado estrategias de comunicación propias que sintonizan con nosotros. Probablemente, también podamos predecir cómo actuarán en distintas situaciones y lo que van a hacer (veremos ejemplos en el capítulo 9).

Serán gatos de edad avanzada entre los once y los catorce años, lo que los lleva a una edad humana de entre sesenta y setenta y dos años. Están en una verdadera edad dorada y los apreciamos mucho. Y serán adultos mayores a partir de los quince años, el equivalente a nuestros setenta y seis. Cuando International Care Cat utilizó esta tabla por primera vez, a esta etapa se la llamó *geriátrica*, lo que seguramente reflejaba el lenguaje humano y veterinario de la época. Pero el término *geriátrico* no nos gusta mucho, porque evoca imágenes de enfermedad o fragilidad, y los gatos, como las personas, pueden ser muy vivaces aun teniendo el equivalente a setenta y cinco años o más, y por eso lo cambiamos a *adulto mayor*, que es mucho más positivo. Nuestros adultos mayores son personas de alto rendimiento cognitivo y físico que han eludido las principales enfermedades crónicas relacionadas con la edad al entrar en la vejez, lo que representa la mayor esperanza de vida humana. Sospecho que más del 1 % de los gatos llegan a esta edad tan avanzada: ahora es bastante común, probablemente como resultado de una combinación de buena nutrición, atención sanitaria preventiva y veterinaria, y un hogar cariñoso. En esta etapa debemos estar muy atentos a las señales que podamos percibir en el comportamiento de nuestros gatos en cuanto a alimentación, aseo, peso, uso del arenero y trato con nosotros, pues pueden alertarnos sobre posibles problemas de salud.

SI EL GATO ESTÁ CASTRADO O NO

A muy pocas personas les agrada convivir con un gato que no esté castrado, ya sea macho o hembra. El comportamiento reproductivo de los gatos se debe a una necesidad desesperada de encontrar pareja. Las gatas pueden alcanzar la madurez sexual a partir de los cuatro meses, o con más frecuencia a los cinco o seis —dependiendo de la época del año, la temperatura y la duración del día—, cuando son capaces de tener gatitos y criarlos. No se trata, evidentemente, de una decisión consciente: las hormonas activadas por la duración de la luz diurna impulsan este tipo de comportamiento.

Como consecuencia de ello, las gatas intentarán que los machos sepan que desean encontrar pareja; y del mismo modo, los gatitos macho crecerán y madurarán deprisa. Las gatas lanzarán sus reclamos con regularidad, haciendo unos extraños maullidos que mucha gente confunde con gritos de dolor, y los gatos estarán ansiosos por salir. Si no se quedan preñadas, este comportamiento continuará durante unas dos semanas; entonces se detendrá, pero solo para volver a presentarse unas tres semanas después, y así seguirá hasta el momento en el que la duración de la luz del día vuelva a cambiar, lo que no ocurrirá hasta al menos seis meses después... Demasiado tiempo para vivir con una gata que se comporte así.

Tener gatas sin castrar atraerá a machos enteros de la zona. Los machos pueden recorrer grandes distancias, rociar orina, pelearse con otros machos y lanzar maullidos para intentar encontrar una hembra dispuesta a aparearse. Los machos que se pelean también son mucho más propensos a propagar y contraer enfermedades, y a sufrir lesiones, como abscesos, debido a las riñas. Y como deambulan por una gran superficie, también corren mayor riesgo de ser atropellados en la carretera.

Si no habéis castrado a vuestro gato, es mucho más probable que deambule por zonas más amplias y puede que ni siquiera regrese. También puede orinar dentro de casa, lo que desprende un olor muy difícil de eliminar y con el que no es agradable vivir. Por último, puesto que los machos enteros son más reactivos, también pueden mostrarse agresivos con sus dueños. Los criadores que tienen machos de una raza determinada para el apareamiento suelen mantenerlos en jaulas al aire libre, en lugar de en casa, por estas razones, y también para mantenerlos a salvo, ya que es probable que deambulen y se peleen si tienen libre acceso al exterior.

Por lo tanto, a fin de prevenir todos estos problemas es conveniente castrar a los gatitos con la suficiente antelación (cuatro meses). A la mayoría de la gente no le gusta vivir con un gato macho entero.

El entorno del gato: la casa y los alrededores

Tanto nosotros como nuestro comportamiento afectarán al bienestar de nuestros gatos, pero también el lugar en el que vivimos. Nuestra casa y la zona que la rodea serán su territorio, y el territorio es muy importante. Si es un gato que vive exclusivamente en el interior, es fundamental que la casa sea adecuada para él, pero aun si tiene la suerte de salir, intentar «pensar como un gato» a la hora de adaptar nuestro hogar solo puede ser positivo.

Sabemos que a los gatos les gusta poder elegir y sentir que tienen el control. Aunque seamos nosotros los que realmente decidimos sobre sus cosas (como el arenero y el tipo de arena, la comida, la colocación de los comederos y las camas), debemos tomar las decisiones pensando con la mente de nuestro gato, y no en lo que sería más fácil para nosotros, como podría ser poner el comedero y el arenero juntos en un espacio reducido, o delante de un ventanal o de puertas de cristal, sin tener en cuenta que otros gatos del barrio se podrían sentar a mirar desde fuera, lo que a nuestro gato le resultaría muy desconcertante, por lo que podría rechazar la comida o el uso del arenero por estar en un lugar en el que se siente vulnerable.

A casi todos se nos da muy bien reunir todo lo que un gato pueda necesitar, pero luego a veces no sabemos bien dónde colocarlo, porque no lo estamos pensando desde su punto de vista. A la hora de decidir, hay varios aspectos prácticos que debemos tener en cuenta, y pensar como un gato nos ayudará a crear un hogar adecuado para él. Los gatos que viven relajados y felices podrán mostrar su carácter con nosotros, en lugar de estar centrados en su seguridad o la presencia de peligros. Todos queremos que tengan un hogar seguro, pero que al mismo tiempo les resulte interesante y no se aburran. Si viven exclusivamente dentro de casa, es fundamental que les proporcionemos un ambiente estimulante en el que puedan encontrar una válvula de escape para sus instintos y su rapidísimo cerebro, como vimos en el capítulo 1.

Muchos tendemos a preferir casas con grandes espacios abiertos y poco desorden, lo que puede ser estéticamente agradable para nosotros, pero no es el entorno más tranquilizador para nuestros felinos. Por otro lado, si tenemos más de un gato, el que haya lugares donde esconderse será una prioridad para ellos. Esto no se debe necesariamente a que los gatos no se lleven bien, pues incluso a los mininos que se llevan estupendamente les puede gustar esconderse de vez en cuando o querer evitar a las personas o a otros animales; pero si no se llevaran bien, contar con un escondite es vital. Además, cuando juegan, tener un lugar donde esconderse puede evitar que el juego se convierta en pelea, puesto que la excitación los pone nerviosos (como veremos en el capítulo 8).

A los gatos les encantan los lugares altos porque les gusta descansar donde se sienten seguros y poder observar todo lo que ocurre abajo. Para descansar, prefieren ponerse en lo alto de las estanterías, los armarios o simplemente en las escaleras. Ahora también se pueden comprar unas estructuras increíbles que combinan un rascador con toda una serie de plataformas a distintos niveles donde pueden descansar. Algunas incluso llegan hasta el techo, y hay otras que se fijan a la pared como si fueran peldaños que llevan a una plataforma situada más arriba. Pero si tenemos más de un gato, debemos asegurarnos de que haya varios caminos para subir y bajar, de modo que ninguno pueda quedarse atrapado arriba por la presencia del otro. Si a nuestro gato le gusta subirse a los armarios, podemos ayudarlo colocando otros muebles por los que pueda subir y bajar; y si le gusta subirse a las estanterías, tenemos que tener cuidado de no poner objetos que puedan romperse si de pronto salta y los tira.

Si al gato le gusta esconderse en lugares pequeños, podemos colocar las cosas de forma que cuente con los espacios adecuados (como debajo de la cama, en los armarios o detrás de los muebles). Y si se ha metido en un lugar seguro, no debemos molestarlo a no ser que nos preocupe que se haya escondido porque no se encuentra bien.

Como sabemos, el calor es muy importante para ellos, y puede que les guste ponerse cerca del termo o la secadora. También les podemos comprar mantas de forro polar maravillosamente acogedoras o colocarles mantas o edredones de lana, e incluso bolsas de agua caliente. ¿Y utilizan las camas que les compramos? Algunos sí, sobre todo si elegimos bien el sitio en el que las ponemos y conseguimos que les resulten atractivas. Muchos prefieren nuestra cama, claro, porque tiene nuestro olor y se sienten seguros en ella, aunque es muy posible que les encante una camita blanda para gatos si la ponemos en su lugar preferido.

Durante el día, puede que utilicen varios lugares para descansar, siguiendo el sol por toda la casa para aprovechar el calor, así que seguramente agradezcan tener distintas camitas en varios sitios. Muchas veces queda claro enseguida que a nuestro gato no le gusta que las camas estén en el suelo, y que prefiere lugares más altos. Al conocerlo también nos daremos cuenta de si le gusta descansar cerca o lejos de la gente. Algunos preferirán camas con laterales altos o solo una abertura en un lado, mientras que a otros no les importará estar al descubierto.

La frontera entre el interior y el exterior

El mayor desafío para la percepción de seguridad del gato en su hogar es la frontera entre el interior y el exterior, y lo que puede romper esa seguridad. Si dejamos que nuestro gato entre y salga abriéndole una puerta o una ventana cuando nos lo pida, podrá sentirse muy seguro en el interior, aunque volver a entrar rápidamente será más difícil si tiene que esperar a que se la abramos, sobre todo si lo están persiguiendo. En cualquier caso, si solo lo dejamos entrar y salir cuando nosotros estamos presentes, el que nosotros le abramos la puerta o la ventana podría hacer que se sienta más seguro.

Hay mucha gente que pone una gatera, lo que parece facilitarles la vida tanto a los dueños como a los gatos. Sin embargo, la gatera podría considerarse un punto vulnerable en las defensas de la casa del gato, dado que podría entrar otro, lo cual podría causarle ansiedad (puesto que el gato es consciente de ello en todo momento). Como sabemos, la ansiedad afecta a su comportamiento, ya que, en lugar de relajarse e interactuar con nosotros, su mente está constantemente concentrada en el posible peligro. Si, además, la comida está cerca de la gatera, los gatos que estén fuera podrían entrar para quitársela de noche o de día. Aunque nosotros no nos demos cuenta, nuestro gato sí lo sabrá, por lo que podríamos notar cómo mira nerviosamente hacia la gatera mientras le ponemos la comida. Hoy en día se pueden comprar gateras que solo se abren al detectar el microchip del gato, de manera que los demás no puedan entrar.

A los gatos les encanta asomarse a la ventana para ver qué pasa y, si están en un lugar alto, pueden disfrutar de unas grandes vistas del territorio. Con todo, parece que les desconciertan las grandes cristaleras en las que es difícil distinguir el interior del exterior, ¡con la tranquilidad que da una pequeña ventana con marcos y un bonito alféizar! Además, este tipo de puertas, ventanas o acristalamientos que van del suelo al techo no les ofrecen ningún sitio en el que esconderse si ven fuera algo que les pudiera resultar amenazador, por lo que se sentirán vulnerables: encontrarse de pronto cara a cara con otro gato o un perro que está en el jardín al otro lado del cristal es una amenaza difícil de asumir cuando su instinto le está diciendo que es peligroso.

Paraos a observar a vuestro gato: ¿parece inseguro cuando está cerca de este tipo de puertas o ventanas? ¿Mira hacia fuera con miedo? ¿Hace algo que os haga pensar que está ansioso? A lo mejor se podría poner una lámina esmerilada en la parte inferior del cristal (las hay que no son adhesivas, sino estáticas); proporcionarle algún lugar alto desde el que pueda mirar por el cristal o que por lo menos no esté al mismo nivel de lo que haya en el exterior, y poner muebles o plantas delante del cristal para que pueda esconderse detrás.

Presentación de la comida y del agua

Veamos primero cómo presentarles la comida. Como a los gatos no les gusta que les toquen los bigotes, podría ser bueno ponerles un comedero que sea lo suficientemente ancho como para que puedan comer sin rozárselos con los lados, pero si les ponemos un plato llano es muy fácil que se les caiga la comida (y luego hay que limpiar), así que la mejor solución podría ser un comedero grande con algún tipo de borde que impida que se salga la comida y además les proporcione algo contra lo que puedan empujar al comer. Si tenemos un gato persa o exótico, es probable que la forma del cráneo le haya afectado a la mandíbula y le resulte difícil coger la comida, por lo que no nos quedará más remedio que ir probando hasta que demos con el tipo de comedero y con los alimentos que le vayan mejor. Los comederos de cerámica o cristal suelen ser mejores que los de plástico, que se rayan con facilidad y pueden desprender un ligero olor que no les gusta.

Si habláis con expertos en comportamiento felino, descubriréis que son muy partidarios de hacer que los gatos se esfuercen para conseguir su comida, sobre todo los de interior, ya que no pueden utilizar la mente y el cuerpo para cazar. Los gatos que tienen que cazar para alimentarse pasan hasta seis horas al día buscando, acechando, capturando y comiendo las pequeñas presas que necesitan; y teniendo en cuenta que necesitan unas diez comidas del tamaño de un ratón al día y que solo un tercio de las cacerías acaban en captura, está claro que se requiere una gran cantidad de tiempo y energía para llevar a cabo toda esta actividad. Los gatos son así, y por eso los conductistas argumentarían que ponerles la comida dos veces al día en un comedero en la cocina no reproduce esta situación en absoluto, por lo que el gato no contaría con la estimulación mental y física que la caza le aporta de forma natural. Pero podemos hacer o comprar juguetes y comederos que hagan que los gatos se esfuercen o jueguen para conseguir la comida, animándolos a buscarla activamente. En internet se pueden encontrar muchos; si deseáis uno, escribid en el buscador «comederos interactivos» o «rompecabezas para gatos». También podéis encontrar más consejos en la página web de International Cat Care.

Por otra parte, todos sabemos que debemos darles agua fresca a nuestros gatos y parece que lo más lógico sería ponérsela junto al comedero. Sin embargo, cuando los gatos tienen que buscarse la comida en el exterior, seguramente tendrán que comer y beber por separado. Tener el agua cerca de la comida puede hacer que algunos gatos no beban lo suficiente (los que toman alimentos secos necesitarán beber mucho más que los que toman comida enlatada, que contiene mucha agua). Los expertos en comportamiento felino aconsejan separar el agua de la comida y poner más de un bebedero si se tienen varios gatos.

Y lo que definitivamente desaconsejan los expertos es ponerles el agua y la comida en uno de esos comederos dobles que tienen unidos un bol para la comida y otro para la bebida. A los gatos no suele gustarles que la comida esté cerca del agua, y, por otro lado, muchas veces la comida se cae en el agua y la contamina. Además, como los gatos tienen un sentido del olfato mucho mejor que el nuestro, puede que rechacen el olor del agua del grifo y la prefieran hervida. A algunos les encantan los bebederos que son como fuentes en las que siempre corre el agua, y lo mismo puede decirse de los dispensadores de comida. Por último, mantener el agua limpia es muy importante, así como asegurarse de que el bebedero esté siempre lleno y el gato pueda acceder a él con facilidad.

El arenero

Una vez más, lo importante no es solo que nuestro gato tenga un lugar en el que hacer sus necesidades, sino también pensar qué tipo de arenero y arena queremos, cómo habrá que limpiarlo y dónde lo vamos a colocar. Evidentemente, si el gato no sale al exterior, el arenero es fundamental; aunque también hay quienes lo ponen aunque su gato salga, sobre todo si no sale por la noche o si el gato es muy joven, o mayor, y necesita un poco de ayuda.

Un arenero básico no es más que una bandeja lo suficientemente grande como para que el gato pueda darse la vuelta en ella (el tamaño aconsejado equivale a una vez y media la longitud del gato, sin la cola) y en la que quepa suficiente arena para que el gato pueda usarla y luego escarbar para cubrir la orina o las heces sin esparcirlo todo por el suelo. Tanto los gatitos como los gatos de más edad que tengan artritis pueden necesitar que los laterales sean más bajos para poder entrar y salir con facilidad. Si queremos algo más sofisticado, podemos comprar una bandeja con tapa para proporcionar intimidad y contener los olores. Cada gato tiene sus propias preferencias: a algunos les gusta la intimidad, mientras que a otros nos les gusta sentirse encerrados. Lo que ocurra fuera del arenero también cuenta: ¿hay otros animales o personas que le hagan sentir vulnerable? Y lo mismo puede decirse del lugar en el que lo hayamos colocado: ¿está en una zona concurrida de la casa, delante de una ventana o en un lugar más privado? El arenero, la comida y el agua no deben estar cerca: hay que separar las tres cosas.

En cuanto al tipo de arena, a un gato puede gustarle usar la misma que cuando era cachorro, pero puede que nosotros queramos cambiarla a otra distinta. En ese caso, lo mejor es tomarse un tiempo para ir mezclándola y que se vaya acostumbrando. Se cree que a los gatos no les gustan las bandejas de polietileno, en las que se les pueden enganchar las uñas, ni las arenas perfumadas, que son más para personas que para gatos. Independientemente de lo que elijamos, mantener la bandeja limpia es muy importante para ellos. En función de la casa y del gato, podría ser buena idea colocar varios areneros en distintos sitios, y sin duda necesitaremos varios areneros si tenemos varios gatos.

Algo donde rascar

Los gatos necesitan rascar para mantener sanas las garras y marcar el territorio. Si no se toman medidas, arañarán los muebles. Los rascadores deben ser lo más altos posible, para que el gato pueda rascar verticalmente estirándose por completo, y estables. Si el espacio es reducido, podemos fijar paneles en las paredes a la altura adecuada. Algunos gatos prefieren rascar superficies horizontales, por lo que deben contar con varias zonas donde puedan rascarse las uñas.

Otros gatos en casa

Una de las principales decisiones que debemos tomar es cuántos gatos queremos tener, ya sean nuestras mascotas o gatos del exterior a los que animamos a entrar en casa, tal vez porque nos encantan los gatos y queremos que se lleven bien entre ellos. Pero, por desgracia, y especialmente con los machos, esto puede crear tensiones en el hogar. A algunos les encanta compartir la casa con otros gatos y establecer vínculos, pero a otros les podría causar ansiedad. Es algo que debemos tener muy en cuenta si de verdad deseamos tener más gatos. Tenemos que observar detenidamente cómo es nuestro hogar y ver de cuánto espacio disponemos. ¿Hay sitio suficiente para que cada uno pueda tener su propio espacio? ¿Hemos colocado todas las cosas que necesitan de forma que no se cree ningún tipo de competencia entre ellos? Debemos tener en cuenta que los gatos tienen un fuerte instinto de defensa del territorio y, si traemos otros gatos, podría desencadenarse una situación conflictiva entre mascotas que, de no ser por eso, vivirían mucho más tranquilas. En cualquier caso, si decidimos traer más gatos a casa, debemos hacerlo poco a poco y con cuidado (véase la página web de International Cat Care). Puede salir bien, pero se necesita paciencia y depende mucho de cada gato.

Otros gatos de la zona

El que haya otros gatos viviendo cerca, en el jardín o incluso entrando en la casa, puede afectar a lo relajados o estresados que se sientan, lo cual a su vez puede influir en la forma en que se comportan con nosotros. Esto me recuerda a una gata que tuvimos hace muchos años: cuando se presentó, era una gatita carey anaranjada y gris muy juguetona, y la acogimos en casa un año antes de tener dos gatitas siamesas. La gata, a la que llamamos Peru, aterrorizaba a las gatitas, pero a medida que estas fueron creciendo y haciéndose mayores, de algún modo empezaron a vengarse. Entonces, Peru decidió mudarse a la casa de campo que había calle abajo porque su situación se había vuelto demasiado arriesgada desde que las siamesas aprendieron a defenderse antes de que a ella le diera tiempo a molestarlas. Nosotros seguimos alimentándola, así que venía a la casa por comida, pero no se relajaba hasta que no se iba a la otra. Curiosamente, cuando íbamos a verla allí, se ponía muy cariñosa, ronroneando y revolcándose, pero si intentábamos acariciarla cuando venía a comer a casa, donde corría el riesgo de encontrarse con las siamesas, se ponía como una fiera y no había quien se acercara a ella. Cualquiera habría pensado que eran dos gatas distintas.

Hace unos años leí una teoría sobre el espacio de agresividad de los gatos. Cuando están relajados y no se sienten amenazados o estresados, este espacio es más pequeño que el gato y podemos tocarlo y acariciarlo sin problema. Pero cuando se siente bajo presión, el espacio se amplía hasta alcanzar varios metros a su alrededor. Cualquier intrusión en esta zona supone un riesgo de ataque y, sin duda, provocará un comportamiento amenazador. Debe de ser algo parecido a lo que se conoce como *zona de fuga de un animal*, es decir, el espacio que lo rodea y que, si se franquea, hace que el animal escape. En los gatos, el tamaño del espacio de agresividad depende de la disposición del animal a correr riesgos y aumenta a medida que crece el riesgo percibido. Este es un buen ejemplo de cómo un gato puede tener comportamientos diferentes con la misma persona en entornos distintos.

Jardín apto para gatos

El interior de la casa no es el único espacio que podemos adaptar para que les resulte agradable a nuestros gatos. Al igual que en el caso de los espacios interiores, a los gatos también les encanta tener un lugar donde esconderse en el jardín, por lo que no les gustarán las zonas amplias sin plantas u otros escondites. Los gatos que se ponen nerviosos al estar fuera podrían no sentirse seguros si no tienen donde ocultarse. Esto les da una buena excusa a los aficionados a la jardinería para plantar setos, poner macetas y preparar zonas en las que sentarse o incluso crear espacios artísticos que los gatos puedan utilizar para moverse y explorar o como refugio; sin olvidar que les gusta trepar y tener vistas o pasarelas elevadas, ¡y tomar el sol! Ahora también hay muchas personas que vallan los jardines para que sus gatos estén a salvo sin salir a la carretera mientras disfrutan del aire fresco y de todas las cosas interesantes de un jardín: insectos, pequeños animales, hojas movidas por el viento, etcétera.

Conservar los olores de los gatos

Todos estamos familiarizados con nuestra casa y su distribución, y sabemos dónde están las cosas. Para conseguirlo, nos basamos por encima de todo en nuestro sentido de la vista. Sin embargo, como sabemos, los gatos son muy sensibles a los olores y tienen un gran sentido del olfato: para entenderlo mejor, pensad que tienen un perfil olfativo de la casa tan fuerte como la percepción visual que nosotros podamos tener de ella. Sabemos cuánto esfuerzo dedican a dejar su olor por todas partes y cómo les afectan los olores extraños, sobre todo si son gatos nerviosos o ansiosos a los que les cuesta enfrentarse a los cambios. Tener olores familiares en los lugares adecuados hará que nuestros gatos se sientan seguros y relajados. Por eso, ser conscientes de cuántos productos químicos o perfumados utilizamos e intentar no lavar con demasiada frecuencia sus camas o lugares favoritos para sentarse garantizará que sigan existiendo algunas zonas de olor que les aporten seguridad. Aunque la publicidad nos anime a tener la casa ultralimpia y constantemente perfumada, puede que esto no les resulte agradable en absoluto, lo cual nos da un buen motivo para no hacer demasiado caso a este tipo de anuncios. Se espera que un gato relajado sea mucho más participativo.

LAS DECISIONES QUE TOMAMOS PARA NUESTROS GATOS

Estilo de vida interior o exterior

Vivir exclusivamente dentro de casa priva al gato de las experiencias de la vida al aire libre. Por supuesto, hay muchas razones para tener a los gatos dentro de casa, como evitar los peligros del exterior, que la casa no cuente con un espacio al aire libre o que los dueños teman por la seguridad de su mascota. Es posible que algunos gatos de interior no se adapten a esta situación y sufran una serie de problemas físicos o emocionales provocados por el aburrimiento, la frustración o la falta de actividad y de oportunidades para utilizar los increíbles sentidos que los mueven. Los gatos pueden entonces dormir, acicalarse o comer más de lo que deberían para compensar la falta de estímulos. Los gatos de interior pueden desarrollar problemas de salud asociados a un estilo de vida sedentario, como enfermedades del tracto urinario, problemas de acicalamiento excesivo y trastornos alimentarios. De ser posible, los dueños podrían ayudarlos vallando todo o parte del jardín o el patio de forma segura para que el gato tenga un poco de acceso al exterior.

Previsibilidad

Otra forma en la que influimos en nuestros gatos es en lo predecibles que hacemos sus días. Como ocurre con las personas, a algunos les encanta la previsibilidad y otros la detestan. Pero hemos visto que a los gatos les gusta tener el control y saber lo que está pasando, así que ser conscientes de que algo va a pasar porque hay un patrón en su día a día y sus actividades puede ayudar a algunos animales, especialmente a los que son un poco más nerviosos. Nuestros gatos suelen enseñarnos lo que quieren y utilizan métodos de comunicación para que podamos ayudarlos.

Salud física y bienestar mental

Una de las formas en las que podemos influir más en la calidad de vida de los gatos es protegerlos de la enfermedad y ayudarlos si enferman. El único medio que hemos tenido durante cincuenta años para proteger a nuestros gatos fueron las vacunas, ya que antes había muy poca información sobre las enfermedades y problemas de salud que podían afectarlos. La forma de mantener sanos a nuestros gatos es similar a la nuestra: ofrecerles una buena alimentación, darles todos los cuidados preventivos que puedan protegerlos, estar dispuestos a actuar con rapidez si no se encuentran bien y llevarlos a un buen veterinario especializado en medicina felina que trabaje en una clínica con un ambiente agradable para ellos. La salud de los gatos es todo un desafío, ya que suelen ocultar muy bien los signos de enfermedad o dolor (volveremos sobre esto en el capítulo 5), por lo que debemos estar atentos a las señales que nos dan. Cómo se sienten los gatos, si sufren estrés o ansiedad a largo plazo, puede afectar a su salud, y la salud puede afectar al bienestar, por lo que es importante que sepamos entender lo que sienten. Nuestra relación con ellos puede verse muy afectada si están callados, se esconden o no les gusta que les toquen porque se sienten mal.

Cómo tratamos a los gatos

Nos encanta dar cariño a nuestros gatos y abrazarlos. A algunos les gusta, otros lo toleran y otros lo detestan. Como siempre, cada gato tendrá sus propias preferencias.

Tradicionalmente, las mujeres han estado más implicadas en el cuidado de los gatos que los hombres. Sin embargo, cuando los investigadores observaron a los gatos y cómo se acercaban a personas que no conocían, descubrieron que lo hacían de forma similar a niños, niñas, hombres y mujeres. Lo que cambiaba era nuestra forma de comportarnos: los hombres solían interactuar con los gatos sentados, mientras que las mujeres, los niños y las niñas se ponían a su altura. Como ya os imaginaréis, ni los niños ni las niñas podían contenerse a la hora de acercarse a un gato; de ellos, los niños eran los más activos, y hasta los perseguían cuando el gato trataba de escabullirse. Por el contrario, los adultos esperaban a que los gatos dieran el primer paso. Las mujeres guardaban más distancia, les hablaban mientras se acercaban y los acariciaban más cuando los gatos se les habían acercado; y los gatos reaccionaban a los mimos y estaban contentos con ellos. Otro estudio demostró que si una persona responde cuando su gato quiere estar con ella, él también lo hará cuando sea ella la que quiera establecer el contacto, es decir, se crea una relación receptiva y positiva entre ambos. Probablemente, el requisito inicial es que el gato esté dispuesto a interactuar, que sea lo que llamaríamos un *gato sociable* o *amistoso*. ¿Qué más sabemos por los estudios realizados? Si los gatos viven con una familia o con muchas personas, le prestan menos atención a cada una de ellas que si viven con un solo individuo, lo cual parece lógico. Los gatos que viven solos en una casa pasan más tiempo interactuando con la gente que los que viven en una casa con varios gatos, lo que también tiene sentido. Los dueños que tienen un solo gato son más tolerantes con sus debilidades que los que tienen varios gatos; esto también es comprensible, teniendo en cuenta que no solo hay más gatos que cuidar, sino que además los gatos suelen tener problemas entre ellos, ¡así que hay más asuntos con los que lidiar!

Lo que hace que cambie el comportamiento de un gato es que se produzca una situación distinta, como la entrada de otro gato en su territorio, que se presenten otras amenazas o cambios, o que tenga algún dolor, y entonces nos tocará a nosotros hacer de detectives e intentar averiguar la causa. Los gatos pueden tener lo que se denomina *comportamiento problemático*, si bien de un modo más realista podríamos describirlo como la forma natural en la que se comporta un gato cuando intenta hacer frente a una amenaza o al estrés que está viviendo. El problema es que lo hace de una forma o en un lugar que no les gusta a los dueños. Algunos ejemplos pueden ser orinar por la casa o actuar de forma que aleja a la gente, lo que puede interpretarse como agresividad.

Mi amiga Vicky Halls, a la que mencioné antes, ha escrito los famosos libros *Cat Confidential*, *Cat Detective* y *Cat Counsellor*, en los que recoge grandes ejemplos e historias fascinantes sobre casos que ha tratado cuando fue asesora de comportamiento felino durante más de veinte años. Ahora trabaja para International Cat Care estudiando cómo ofrecer las mejores soluciones a los gatos sin dueño en función de su estilo de vida y cómo cuidar mejor a los gatos en los centros de acogida comprendiendo sus necesidades individuales y cuáles serían los hogares más adecuados para ellos. Las conversaciones que he mantenido con Vicky a lo largo de los años han conformado mi manera de pensar sobre los gatos y lo que consideramos el bienestar felino. En esas conversaciones nos hemos planteado muchos porqués y hemos analizado cómo podríamos aplicar los resultados de los estudios a la hora de desarrollar formas prácticas de entender y ayudar a los gatos. Incluso después de tanto tiempo, las dos somos conscientes de que aún nos queda mucho por aprender.

Una vez que convivimos con un gato, lo hemos castrado, hemos hecho que nuestra casa sea segura para él y hemos establecido determinadas rutinas, podemos hacernos una idea de cómo se comportará en la mayor parte de las situaciones. Aunque esto también dependerá de la forma en que lo tratemos: si lo perseguimos para acariciarlo o si dejamos que sea el gato el que se nos acerque y nos haga entender lo que necesita.

CAPÍTULO 3

El carácter del gato

A la gente le encanta comparar a los perros con los gatos y preguntar cuál es más inteligente. ¿Los gatos son inteligentes? ¿Son más inteligentes que los perros porque son capaces de vivir de forma independiente, o son menos inteligentes porque no hacen lo que les pedimos y no son obedientes? ¿La inteligencia es la suma de conocimientos o habilidades intelectuales o es la capacidad de aprender cosas nuevas o distinguir una cosa de otra? Quizá sea la capacidad de adaptarse a distintas circunstancias. Si la inteligencia se mide por la capacidad de adaptación, el gato es el primero de la clase. Como especie, los gatos pueden sobrevivir en casi todo tipo de entornos, ya sea el desierto o la selva, o incluso en climas muy fríos.

Son muy versátiles y parecen aprender rápidamente de sus experiencias. Los cachorros tienen que aprender muy rápido porque, como hemos visto, los cuidados maternos son relativamente breves: tienen que pasar del nacimiento, cuando no ven ni oyen, a ser capaces de afrontar y capturar presas en unos pocos meses, cuando su madre se queda preñada de nuevo y tiene más crías. Los gatitos tienen que ser curiosos, aprender observando y experimentando (con la ayuda de la madre) y ser precavidos ante los peligros. Pueden parecer muy dulces y vulnerables, pero los que sobreviven son fuertes y se adaptan con rapidez. Y aunque cuentan con cierta ayuda cuando son jóvenes, crecerán hasta convertirse en cazadores solitarios, autosuficientes a la hora de alimentarse y sobrevivir. Por desgracia, en la naturaleza son muchos los que no sobreviven a los retos a los que se enfrentan.

Motivaciones del comportamiento: las emociones del gato

Los gatos son animales emocionales. Las emociones son las «sensaciones» que motivan a reaccionar de determinada manera para vencer los retos de la supervivencia y son vitales para aprender y reaccionar ante los desafíos de la vida cotidiana.

Los gatos no son animales de manada o rebaño y no necesitan tener a otros gatos cerca para garantizar su bienestar (excepto cuando son cachorros). Sin embargo, pueden ser lo que se denomina *socialmente flexibles*, en el sentido de que pueden vivir en grupo si se dan las circunstancias adecuadas, y crear relaciones con otros gatos y otros animales (lo que observamos cuando los tenemos en casa).

Hasta ahora hemos visto cómo perciben los gatos el mundo que los rodea y el comportamiento con el que cuentan para hacer frente a los retos que les plantea la vida: cazar para sobrevivir, comunicarse para reproducirse, defender el territorio... Todo esto está relacionado con la supervivencia.

Los gatos utilizan los sentidos que hemos descrito para percibir el mundo en el que viven, recogen esa información y deciden qué hacer con ella: a veces es un acto reflejo que no requiere reflexión, y otras veces el gato reflexiona, actúa y aprende de la experiencia. Cómo reaccione dependerá de muchas cosas, pero sus emociones motivarán la respuesta. A diferencia de las personas, los gatos no piensan, meditan, evalúan ni reflexionan seriamente sobre sus comportamientos, pensamientos, actitudes, motivaciones y deseos, pero sus emociones afectan a su forma de actuar y cambian según las circunstancias.

Una emoción es un sentimiento, como la felicidad, el amor, el miedo, la ira, la frustración o el odio, que puede estar causado por la situación en la que nos encontramos o las personas con las que estamos. Podríamos pensar que las emociones están relacionadas con el llanto o la risa, pero también lo están con sentirnos atraídos por hacer cosas que nos gustan o que nos recompensan de algún modo, lo que puede ser tan básico como buscar comida, agua o cobijo. Así pues, aunque creamos que nuestras mascotas no tienen emociones, tenemos que saber que en realidad experimentan muchas que son iguales a las nuestras. Ser conscientes de ello nos ayudará a entender cómo se están sintiendo nuestros gatos y qué los está haciendo comportarse de cierta manera. Pero lo que no podemos hacer es considerar que son como nosotros: si nos limitamos a pensar en ellos de forma antropomórfica, podemos malinterpretar la situación por completo.

Los gatos tienen un fuerte impulso para la caza, que además está asociado a la curiosidad, y es un comportamiento que probablemente les proporciona una sensación de recompensa o placer. Tienen asimismo emociones fuertes relacionadas con las motivaciones que los impulsan a la reproducción, de modo que pueden comportarse para atraer a una pareja e interactuar con ella para traer al mundo la siguiente generación de gatos.

Si una gata tiene crías, tendrá una fuerte motivación para cuidarlas. Cuidar de los gatitos, y a veces de otros gatos u otros animales (como acicalarlos), se considera una reacción a una emoción. Si los gatitos se separan de su madre, pueden sentir la emoción del pánico y emitir sonidos que expresen su angustia; sonidos que a su vez motivarán a la madre a buscarlos y ponerlos a salvo.

Al jugar con sus hermanos, los gatitos aprenden a relacionarse y actuar con otros gatos, al tiempo que los ayuda a perfeccionar su comportamiento de caza. Los gatos maduros no necesitan interactuar para sobrevivir y estar bien, como hacen en cambio las especies sociales como los perros o los seres humanos, pero aun así pueden disfrutar de la experiencia de jugar.

Todos nos identificamos con la sensación de ansiedad o miedo ante una amenaza o peligro. Para los gatos, esta sensación puede desencadenar desde un cambio rápido en el sistema hasta un nivel inferior, que lo hará reaccionar a fin de evitar el peligro o el dolor. La experiencia del dolor se incluye en la categoría emocional del miedo porque protege al cuerpo si está dañado y ayuda a evitar ulteriores daños. También sabemos que el dolor crónico puede provocar sentimientos de depresión y eliminar el deseo de hacer otras cosas.

Es interesante que la frustración se considere una emoción, pero, si lo pensamos bien, la frustración es un buen detonante para que el gato actúe y trate de superar lo que le está impidiendo obtener lo que quiere. La frustración motiva al gato a esforzarse más y se asocia con la posibilidad de elegir, es decir, de conseguir lo que se desea; también puede experimentarla si quiere huir de algo que teme cuando hay algo que se lo impide. Todas estas emociones pueden darse juntas, aun cuando a veces sean contradictorias, como querer comida, pero tener miedo de ir a por ella porque parece haber algo por el camino que se percibe como un peligro.

¿QUÉ ES EL CARÁCTER?

Hemos visto que los gatos pueden ser buenas mascotas y que sus primeros años de vida son muy importantes. Pero ¿qué hay del carácter? El carácter se refiere a las diferencias individuales en los patrones de pensamiento, sensaciones y comportamientos. Todo el que haya tenido más de un gato será muy consciente de que cada uno tiene su propio carácter, y que a partir de él se puede explicar en qué se diferencian unos de otros y cuáles son sus hábitos y preferencias. Los términos *individualidad*, *carácter* y *temperamento* se utilizan para explicar las formas particulares de comportamiento que diferencian a un gato de los demás y le dan su propio «estilo». Como ya os podéis imaginar, estudiar el carácter no es fácil: los investigadores tienen que tratar de definir los distintos factores que conforman un carácter, como la amabilidad, la curiosidad, el nerviosismo, la excitabilidad o audacia, las características vocales, la actividad, la capacidad de interacción, etcétera, y luego reunirlos para determinar cuál es el carácter de un gato en concreto.

Audacia no es una palabra que utilicemos muy a menudo para referirnos a las personas, pero resulta útil para describir a los gatos. Podríamos definirla como la «disposición a asumir riesgos y actuar de forma innovadora, con confianza o valentía», y para nuestros gatos puede representar la diferencia entre evitar algo novedoso o desafiante, o investigarlo. Curiosamente, hay gatos que, aunque no hayan tenido un buen periodo de socialización en sus primeros meses, son capaces de establecer algún tipo de relación con las personas. Este rasgo puede ayudarlos a crear un contacto con las personas aunque no estén familiarizados con ellas, si bien podría no ser exactamente lo mismo que ser sociables o amistosos. Podrían ser los audaces que superan el miedo, porque están motivados por obtener los beneficios de estar con los seres humanos: puede que no quieran tratar con muchos, pero encuentran la manera de vivir y comunicarse con un dueño que está abierto a sus necesidades. Si la audacia se combina con la confianza generada por una buena socialización a una edad temprana y unos genes que lo hacen comportarse de un modo amistoso, podemos tener uno de esos gatos extraordinarios que quiere participar en todo lo que ocurre y tiene un carácter fuerte y positivo aun cuando está rodeado de gente.

Investigar el carácter ya es bastante difícil con las personas, y eso que podemos preguntarles directamente cuáles son sus preferencias, lo que les gusta y lo que no, y ahondar en sus pensamientos. Pero cuando los investigadores estudian a los gatos, su mera presencia puede afectar a su comportamiento, con lo que tienen que encontrar formas astutas de compensarlo. Lo mismo nos pasa a los dueños, que influimos en las acciones y comportamientos de nuestros gatos, lo que a su vez afecta a lo que pensamos de ellos. Y por más que creamos que el temperamento o el carácter de un gato es bastante estable, en el sentido de que reaccionará de forma similar en diferentes circunstancias, su forma de afrontar una situación determinada puede verse afectada por la edad, la salud y el entorno en el que se encuentra; por ejemplo, un gato que está tranquilo con nosotros puede ponerse nervioso si se ve rodeado de desconocidos. Lo que está claro es que el carácter de un gato se forma por una complicada relación entre la genética y las experiencias, especialmente las de los primeros años de vida.

La individualidad de los gatos

La ciencia reconoció la existencia de un carácter individual en los gatos en la década de 1960. Como he mencionado antes, no hace mucho conocí a Dennis Turner, uno de los primeros investigadores y escritores dedicados al estudio de los gatos y su comportamiento. Como ya hemos reseñado, su libro, escrito con Patrick Bateson, se titula *The Domestic Cat: The Biology of its Behaviour*. En su ponencia comentó de pasada que «el gato es el animal con más individualidad», y eso me llamó mucho la atención. Le pedí que desarrollara la idea: ¿quería decir que los gatos tienen un comportamiento más *individual* que otros animales? Y entonces explicó que cuando se estudia el comportamiento de los gatos hay que tenerlo en cuenta y corregir los resultados considerando las diferencias individuales, y que no sabía de la existencia de estudios de otras especies en las que hubiera que hacer lo mismo. ¡A los amantes de los gatos nos encanta oír que nuestra idea de que los gatos son verdaderos seres individuales tiene respaldo científico!

Los efectos de la cría y la genética

Si pensamos en la genética y en cómo influye en el comportamiento, merece la pena fijarse en los gatos de raza para ver si pueden darnos alguna pista. ¿Existen diferencias claras entre el comportamiento de los gatos de raza y los demás? ¿Existen diferencias de comportamiento entre las distintas razas de gatos, como ocurre con los perros? A lo largo de los años de su relación con el hombre, a los perros se los ha criado para que realicen determinadas tareas, como la guardia, el pastoreo, el rastreo o incluso la lucha: eso es lo que se espera de ellos, y probablemente no se los criaría si no lo hicieran bien o no cumplieran ciertas expectativas. A otros se los ha seleccionado como compañeros, y suelen tener un carácter muy amistoso y orientado a la relación con las personas.

Por supuesto, los perros se adaptan bien a vivir en la sociedad humana porque tienen una configuración social similar y encajan en nuestra «manada», o nosotros en la suya. Sin embargo, como el desarrollo de los gatos parte del hecho de haber sido cazadores solitarios sin una estructura jerárquica, aunque vivan en grupos más sociales no tienen la misma naturaleza cooperativa. Llevan miles de años conviviendo con el ser humano, pero normalmente siguiendo sus propias reglas y sin que se espere de ellos que realicen determinadas tareas. Como mucho, al gato de antaño —que vivía de su ingenio en los alrededores de una granja y tenía suerte si conseguía un poco de leche o comida— se lo seleccionaba por sus habilidades de caza, para que mantuviera a las alimañas alejadas de los alimentos almacenados, y más tarde por su capacidad de control de los roedores. Así, la mayoría de los gatos del mundo se reproducen con cualquier pareja que encuentren cerca, son notablemente constantes en su tamaño y conservan la capacidad de cuidar de sí mismos, manteniéndose ágiles y motivados para cazar. En cuanto a la selección natural, los más buscados en estas circunstancias serían los cachorros de gatas que fueran buenas cazadoras, a los que tal vez se les daba de comer algunas sobras, o puede que nada si eso interfería con su motivación para cazar.

Por más que se hable de la «domesticación» de los gatos, muchas personas creen que los gatos no están realmente domesticados. Un animal domesticado es el que el ser humano ha amansado y criado de forma selectiva con un objetivo determinado —para trabajar, como alimento o como mascota—, y es diferente de sus antepasados salvajes. La cría de gatos de raza se realiza emparejando a animales seleccionados, del mismo modo en que lo hacemos con el ganado vacuno o bovino, cuyas parejas se seleccionan a fin de desarrollar o perpetuar ciertos rasgos. Un gato de raza se cría de una forma muy controlada, con machos y hembras elegidos entre un pequeño número de gatos similares. Esto da lugar a cierto aspecto que influye en el tamaño y la forma del cuerpo, la longitud y el color del pelaje (incluida la ausencia de pelaje). ¿Y quizá también en su conducta? Ciertamente, al decidir qué gatas tendrán gatitos, los criadores pueden seleccionar a las más sociables, y no hay duda de que muchos gatos de raza pueden estar más orientados al trato con las personas que sus congéneres mestizos. Y podemos mantener este rasgo si seguimos seleccionando este tipo de gatos a lo largo de las generaciones, influyendo así en su genética. De este modo, y criando a los gatitos de manera que interactúen de forma óptima con las personas y conozcan el hogar humano, podemos darles el mejor comienzo para que se conviertan en mascotas a las que no les resulte estresante estar con personas.

Curiosamente, algunas razas parecen haberse orientado demasiado al trato con las personas, por lo que sufren algo que los gatos mestizos no suelen padecer: ansiedad por separación.

La independencia es una característica de los gatos reconocida en todo el mundo, tal vez porque los gatos mestizos suelen ser crías de una gata de compañía que ha salido de casa estando en celo y ha encontrado a un macho no castrado. Este gato podría vivir por su cuenta, gracias a sus habilidades (sin dejarse capturar ni esterilizar), por lo que podríamos llamarlo *reactivo*, ya que tiene que estar alerta ante el peligro y ser lo suficientemente audaz como para encontrar pareja.

Nuestros gatos mestizos son, sin duda, más sociables que sus antepasados monteses, pero siguen conservando una gran independencia y es probable que sean capaces de vivir sin la ayuda de las personas si tuvieran que hacerlo, volviendo a sus comportamientos naturales de caza y supervivencia. En parte me gusta pensar que la mayoría de los gatos no están realmente domesticados, aunque cambié ligeramente de opinión cuando cogí un avión de Moscú a Praga para asistir a unas conferencias sobre medicina felina. En el asiento de delante había una señora que llevaba una bolsa con cremallera de las que se usan para llevar a los gatos, lo que de inmediato llamó mi atención. En ese momento pensé en cómo estarían mis gatos si los subiera a un avión: seguramente, no les haría ninguna gracia y se asustarían bastante. Se oyeron unos cuantos maullidos desde el transportín, y entonces vi cómo empezaba a abrir la cremallera mientras pensaba que cualquiera de mis gatos intentaría escapar y encontrar algún hueco pequeño e inaccesible donde esconderse, y hasta podría llegar a provocar algún accidente importante. El gato que salió era un sphynx o gato esfinge, sin pelo. La señora se puso una manta sobre el regazo, colocó ahí al gato y le echó otra mantita por encima. El gato se acurrucó y pareció dormirse. Se quedó quieto, aunque no pude ver si era por comodidad o por miedo. En cualquier caso, no intentó huir ni esconderse. De pronto, mientras yo estaba pensando en areneros y esas cosas, vi cómo la señora frotaba al gato debajo de la cola y parecía recoger la orina con un pañuelo. ¿Lo había entrenado para orinar en esas circunstancias? Todo lo hizo sin hacer ningún ruido y sin que nadie se diera cuenta, excepto yo, ¡que estaba fascinada! Cuando llegamos, volvió a meter al gato en la bolsa y bajó del avión. Lo primero que pensé fue que quizá ya hubiera algunos gatos «domesticados». ¿Me gustó la idea? Pues no, no del todo. Yo prefiero que mis gatos sean más naturales, menos obedientes y más independientes. Sin embargo, la cuestión que se plantea es si ese gato estaba realmente relajado, sin estresarse por las actividades de su dueña y las circunstancias en las que lo ponía. Si era feliz, es algo bueno.

En muchas listas se habla con entusiasmo de los diferentes caracteres de las distintas razas. Sin embargo, el carácter no solo depende de los genes, sino también de las experiencias tempranas de las crías, y en la mayoría de los casos, la variación entre individuos puede ser tan grande como lo que algunos consideran los diferentes caracteres de las razas.

También hay algunas características reconocidas de las distintas razas; como el gato siamés, que se considera una raza «habladora» o ruidosa, y el persa, que se considera silencioso y menos activo. Y las hay que son totalmente dependientes de sus dueños, como el persa de pelo largo, que no puede mantenerse el pelaje (con una capa interna muy gruesa) sin enredos, o el extremo opuesto, el gato esfinge o sphynx (sin pelo), que necesita baños y limpieza para eliminar la grasa que debería recubrir el pelo, pero se le queda en la piel, y que también necesita protección contra las quemaduras solares y no soporta las bajas temperaturas.

Lo que sí sabemos es que las diferencias entre los comportamientos individuales dentro de las razas suelen ser mayores que las diferencias entre razas: una vez más, la individualidad del gato pasa a primer plano.

Qué nos ha enseñado la clonación

A principios de la década de los 2000 se produjo un gran avance en la clonación de animales (que consiste en copiar los genes de un animal para crear otro genéticamente idéntico). La oveja Dolly fue el primer ejemplar clonado con éxito. También se clonaron un par de gatos. La gatita CC (abreviatura de Copy-Cat o Carbon Copy) fue el resultado de tomar una célula de una gata carey y blanca (lo que se conoce como *calicó*) llamada Rainbow. Sin embargo, CC era atigrada y blanca, y no tenía el mismo aspecto que su donante genética, ya que las marcas del pelaje se deben en parte a sucesos aleatorios que tienen lugar durante el crecimiento embrionario. Por otra parte, al fijarnos en cómo se desarrolla el carácter de los gatos nos damos cuenta de que los dos primeros meses de vida son cruciales para cualquier individuo: pero, si esos primeros meses de vida son diferentes para cada gata, ¿podrán tener el mismo carácter? Según un informe, CC y su progenitora genética tenían caracteres diferentes: CC era tímida y apocada, mientras que su progenitora era juguetona y curiosa. Ya nos podemos imaginar que, durante sus primeras semanas, CC estaría rodeada de científicos interesados en su salud y desarrollo, algo muy distinto a lo que le ocurriría a una gatita que nace en un hogar tranquilo.

Se han clonado muchos animales por distintos motivos, incluso un par de gatos se clonaron porque sus dueños querían reproducir a sus mascotas fallecidas. Pero si lo pensamos bien, puede que la inversión no valiera la pena, ya que el gato podría no tener el mismo aspecto ni el mismo carácter. Por otra parte, ¿de verdad queremos un gato exactamente igual que el anterior? A casi todos nos gustan los gatos por su individualidad, por las cosas que hacen y cómo las hacen, que es precisamente lo que los hace únicos, y que son las que nos permiten distinguirlos de los demás. Quizá sea mejor reconocer que un gato es único y especial, y pasar a otro nuevo y distinto, y apreciarlo por su propio carácter e individualidad.

¿Influye el color del pelaje en el carácter?

Se ha investigado si el color del pelaje influye en el comportamiento, y a lo largo de los años han surgido varias ideas al respecto, ¡además de bastantes creencias populares! Hay muchas historias anecdóticas sobre el color del pelaje, la mayoría atribuidas a los gatos carey y a los de manto anaranjado. Los gatos carey tienen fama de tener «mal comportamiento» y ser menos tolerantes cuando se los quiere coger y no están de humor, así como de ser intolerantes con otros congéneres y con los gatos que se encuentren en su territorio, mientras que a los anaranjados se los considera más sociables. También se cree que los gatos negros toleran mejor las aglomeraciones y la vida urbana, y que los blancos son tímidos y tranquilos. La investigación continúa.

El color del pelaje es un área muy interesante. Los genes que controlan el color del manto se encuentran en el cromosoma X. Recordemos que los gatos macho tienen cromosomas X e Y, mientras que las hembras tienen dos cromosomas X.

Los genes tienen dos alelos, naranja y negro, que son mutuamente excluyentes, lo que significa que no pueden darse juntos en el mismo gen. Las crías reciben uno de la madre y otro del padre, que se combinan para producir el color final del gatito. Una hembra (con dos cromosomas X) que lleve una copia de un alelo naranja en un gen y uno de los alelos negros en el otro será carey. El gen negro es más común en la población felina, por lo que un macho que solo puede llevar color en su cromosoma X será del color al que lleve ese alelo, naranja o negro. Puesto que para ser anaranjado se necesitan dos alelos naranjas en las hembras o solo uno en el cromosoma X en los machos, los machos anaranjados son más comunes que las hembras anaranjadas. Por la misma razón, al heredar los genes normalmente, los machos no podrán ser carey. Ocasionalmente se encuentran machos carey, pero han heredado patrones genéticos inusuales, como XXY, y probablemente haya menos de un 1 % de probabilidades de que esto ocurra. Los machos carey también suelen ser estériles.

Pero hay gatos de más colores, aparte del anaranjado, el negro y el carey. ¿De dónde salen? Bueno, existen unos genes llamados *genes de dilución* que actúan para crear un pelaje de color más claro, y así se crean los mantos grises y azules; y del mismo modo, el naranja puede diluirse en colores crema o más amarillentos.

Entonces, ¿cómo sale un gato blanco? Los gatos blancos tienen un gen especial llamado *gen enmascarado* que es dominante sobre otros genes y los apaga, por lo que el gato será blanco. También hay genes que crean zonas blancas, lo que puede dar lugar a las patas blancas, el pecho blanco o las manchas blancas que tanto nos gustan en el manto de los gatos. Los patrones del pelaje están controlados por otros genes que producen patrones atigrados o la coloración agutí (en la que el pelo tiene bandas rayadas que dan lugar a lo que podríamos considerar un color natural del pelaje, como se ve en los conejos, y que encontramos, por ejemplo, en los gatos abisinios). Tener un pelaje blanco también está estrechamente relacionado con la sordera, si los ojos del gato son azules, lo cual, evidentemente, podría causar diferencias de comportamiento respecto de los gatos que no son sordos.

¿Cómo se produce, entonces, la coloración que vemos en los siameses y otras razas que tienen las extremidades o las puntas de un color diferente al resto del pelaje? Esto se debe a un cambio en el gen que crea el color, que es sensible a la temperatura. Por eso, visto que los extremos del cuerpo, como las orejas, la cara, las patas y la cola, son más fríos que la parte principal del cuerpo, en esas zonas el pelo crece de otro color. También podemos observarlo cuando un gato siamés se somete a una operación para la que haya que afeitarle el pelo: en un primer momento, el pelo puede volver a crecer más oscuro porque esa zona de la piel está más fría, pero a medida que vaya reemplazando el pelo, una vez que la parte afeitada haya vuelto a crecer, volverá a ser más claro.

Se han llevado a cabo algunos estudios sobre la relación del color del pelaje y el carácter. En un estudio que se realizó por internet se les hacía preguntas de todo tipo a los dueños para que no se dieran cuenta de que el objetivo de la investigación era el color y el comportamiento de los gatos. Según las respuestas, los gatos carey, los blancos y negros, los grises y los blancos se mostraban agresivos con las personas con mayor frecuencia; y las hembras eran más agresivas que los machos cuando se las cogía. En realidad, un análisis más detallado muestra que los resultados que indicaban «agresividad» eran bajos, y que además a los dueños les podían influir las expectativas que pudieran tener si habían oído hablar de los mitos que sostienen que los parcheados atigrados son más agresivos. En cualquier caso, cabe recordar que a los conductistas no les gusta el uso del término *agresivo*, que se interpreta como «atacar sin provocación».

Un dato interesante es que las gatas obtuvieron puntuaciones más altas, aunque esto podría indicar simplemente que son más temerosas y no les gusta que las cojan. Sorprendentemente, según un estudio español, los gatos siameses eran los que producían más heridas por mordiscos, aunque habría que analizarlo con más detenimiento, ya que las personas que eligen razas como la siamesa podrían querer una relación más cercana con su gato, tal vez con la esperanza de poder cogerlo y abrazarlo más, lo que podría dar lugar a lo que hemos llamado *respuesta de protección* en nuestro diagrama (página 120), en un intento de alejarse de las personas. Un estudio australiano no arrojó ninguna relación entre los mordiscos de los gatos, y su raza, sexo y patrón de pelaje.

En otro estudio realizado con dueños de gatos en México, a los gatos grises se los consideraba tímidos, distantes e intolerantes; a los anaranjados, adiestrables, sociables y tranquilos; a los atigrados, más atrevidos y activos, y a los tricolores, más testarudos.

En otras investigaciones, se ha pedido a los participantes que califiquen el carácter de los gatos en función de su tendencia a ser activos, distantes, audaces, tranquilos, sociables, intolerantes, tímidos, testarudos, tolerantes y adiestrables. Según los resultados obtenidos, a los gatos anaranjados se los consideraba amistosos, y a los negros y los blancos, menos sociables. Los gatos blancos parecían ser más tímidos, perezosos y tranquilos, mientras que a los carey se los solía describir tanto como gatos más intolerantes como más adiestrables. De los gatos negros se decía que tenían rasgos de carácter menos extremos. Lo que es cierto es que se necesita más investigación en este campo y, como hemos visto, hay muchos aspectos que pueden influir en el carácter de los gatos, de ahí que juzgar a un gato solo por su color no resulte muy útil a la hora de elegir al que mejor se adapte a nosotros.

Hay varias teorías sobre cómo el color del pelaje puede influir en el carácter: una es que los pigmentos de color del pelaje (melanina) se producen por las mismas vías bioquímicas y sustancias químicas que intervienen en la actividad cerebral; otra, que los genes del color del pelaje están en cromosomas cercanos a otros genes que influyen en el sistema nervioso (y, por tanto, en el comportamiento).

La gente parece preferir a los gatos de color claro, y los centros de adopción afirman que se tarda más en encontrar un hogar para un gato negro, quizá porque es difícil fotografiarlos bien y no destacan entre los demás para darles «carácter», mientras que los anaranjados suelen encontrar un hogar muy rápidamente, tal vez porque tienen un color de pelaje atractivo y fama de ser amistosos.

Experiencias y carácter

En el capítulo 2 vimos que las primeras experiencias de los cachorros son vitales para su desarrollo futuro. Si se los acostumbra al contacto físico con regularidad durante los dos primeros meses de vida, parecen tener más confianza al acercarse a objetos o situaciones con los que no se habían encontrado antes. El momento y la cantidad de experiencias tempranas, así como el número de personas que manipulan a un gatito, influyen en su posterior actitud hacia los seres humanos, haciendo que sean más sociables, pero todas las experiencias de un gato irán conformando su manera de reaccionar a los desafíos y de aprender a lo largo de la vida.

Hay otros dos factores que pueden alterar el comportamiento de un gato: aunque consideremos que el carácter y el temperamento son «fijos», acontecimientos traumáticos sustanciales, como accidentes, enfermedades o lesiones, pueden afectarle profundamente y de formas que podrían alterar su comportamiento de un modo permanente. Un encuentro con un perro que le cause lesiones no solo puede hacer que el gato coja miedo a todos los perros, sino también a muchas otras cosas que antes ignoraba. El acontecimiento puede provocar una pérdida total de confianza en su capacidad de escapar, y ante cualquier situación posterior que considere amenazadora el gato podría reaccionar de forma exagerada. Vemos el mismo efecto en las personas que han sido atacadas y sus vidas se han visto afectadas a partir de entonces. La confianza podría ser muy lenta de recuperar.

También se ha observado que la atención de gatos enfermos provoca cambios en su carácter. Algunos gatos que antes eran «indómitos» se han hecho más sociables después de haber recibido muchos cuidados durante semanas. Los conductistas explican que el hecho de tener que aceptar la atención humana en realidad «ahoga» o abruma al gato, porque no puede escapar y tiene que aceptar la situación: abrumar no es un acto saludable, y no se les debe hacer a propósito a los animales; tampoco se sabe si en este tipo de situaciones el gato se da cuenta de que la persona no le está haciendo nada malo (cosas que él habría evitado totalmente, pero a las que ha sobrevivido). Tampoco se sabe si el gato se muestra amistoso con la gente en general o solo con la persona que lo ha cuidado, o si se trata de algo parecido al síndrome de Estocolmo, en el que, en una situación de secuestro o toma de rehenes, la víctima siente confianza o afecto hacia su captor. Otra posibilidad es que el gato llevara un estilo de vida más callejero, viviendo de un modo más independiente, pero que hubiera tenido trato con las personas muy pronto, por lo que en el periodo sensible ya se hubiese creado una relación que lo ayudara después.

Siempre habrá gatos que no encajen en las tendencias mencionadas o que no se comporten como esperamos, pero merece la pena intentar comprenderlos para cuidarlos mejor y darles una oportunidad, o si están realmente traumatizados por nuestra presencia, aceptarlo y buscarles estilos de vida alternativos.

Para resumir, el carácter único de nuestro gato en cuanto a lo amistoso que es con nosotros se debe a su genética y las experiencias que tuvo con el resto de su camada, lo positivo que fue su aprendizaje en el entorno en el que vivió, cómo lo cuidaba y reaccionaba su madre ante las personas que estaban cerca de él, la calidad de su interacción con los seres humanos, la situación actual en la que se encuentra y si esta es amenazadora o no.

CAPÍTULO 4

Qué queremos de los gatos

A estas alturas, ya tenemos los conocimientos básicos necesarios para comprender a nuestros gatos. Las razones por las que nos gusta tener a los gatos en nuestra vida son numerosas y complejas, y algunas son más beneficiosas para ellos que otras. Cuando se trata más que nada de cubrir una necesidad nuestra, quizá pueda merecer la pena pararse a pensar sinceramente en la situación del gato y cómo podemos mejorar su bienestar. Al volver a leer este capítulo, me doy cuenta de que ha sido una forma de dar salida a algunas cuestiones que me apasionan o preocupan, cuando desgraciadamente las necesidades o deseos humanos se imponen definitivamente sobre el bienestar de los gatos.

Por qué nos gustan tanto

Todas las relaciones entre las personas y los gatos son distintas, ya que en ellas se combinan las individualidades y peculiaridades de ambos. Al igual que ocurre en las relaciones interpersonales, las de una persona con un gato también cambian con el tiempo, y hasta puede que lleguen a gustarnos algunos comportamientos (o al menos, que lleguemos a aceptarlos), mientras que otros nos irriten más. No cabe duda de que todos tenemos una idea de cómo sería la relación ideal con nuestro gato, incluso los que somos conscientes de que debemos aceptar a las personas y los gatos como los seres únicos que son.

Para la mayoría de la gente, lo ideal sería vivir con un minino dulce y mimoso, que esté contento de estar con la familia y los amigos, que no destroce ni ensucie la casa, que no sea agresivo ni tenga mal genio, que corresponda a nuestro cariño y que nos haga compañía. Otros podrían querer un gato que se ajuste a sus creencias; por ejemplo, que no coma carne ni cace. Desde luego, los gatos que no pueden salir de casa tampoco pueden cazar, pero están sometidos a otras presiones debido a sus comportamientos innatos de cazadores, que el dueño tendrá que compensar. ¡No hay una solución fácil para esto! Hoy en día, casi todos preferiríamos que nuestros gatos no cazasen animales silvestres ni trajesen «regalos» a casa, pero eso, desgraciadamente, es negar la esencia misma de nuestro felino. Hay personas que se conforman con una relación más distante, del mismo modo en que nosotros disfrutaríamos alimentando y ayudando a un animal salvaje, y de hecho para algunos gatos también podría ser una situación ideal que les proporciona alimento y cobijo sin tener que estar demasiado cerca de un ser humano. Otras personas necesitan una relación más estrecha y que el gato les demuestre que son importantes para él (¡es realmente difícil que un gato haga esto!). En cualquier caso, la combinación perfecta se produce cuando el gato y el humano desean lo mismo.

Es como si en nuestras vidas tuviéramos un agujero del tamaño de un gato que quisiéramos colmar, pero ¿por qué? ¿Es para cuidar de los gatos, para salvarlos de un destino peor, por compañía, por poder, por creatividad? No hacemos nada sin recompensa, podría replicar alguien con cierto cinismo, pero la recompensa también puede ser simplemente la satisfacción de dar o compartir. Sea como sea, tanto los gatos como las personas tenemos nuestra individualidad, por lo que nuestras motivaciones pueden variar considerablemente.

En el Reino Unido se llevó a cabo un estudio, en el que casi dos tercios de los participantes eran mujeres, a fin de explorar los distintos tipos de relación existentes entre un gato y su dueño. Para ello se utilizaron cuestionarios en los que se recababa información sobre los diferentes elementos emocionales que podrían sustentar el vínculo entre ambos. Según los resultados, se observaron distintas clases de vínculos que parecían explicar los diferentes tipos de relaciones: relación abierta, asociación remota, relación casual, relación codependiente y relación de amistad.

Como se cree que las interacciones pueden influir en lo que sentimos, el estudio analizó el grado de implicación emocional del dueño, en qué medida el gato acepta a los demás, la necesidad del gato de estar cerca de su dueño y si el gato se mostraba distante. Los resultados de un cuestionario revelan lo que los dueños piensan que es el gato y lo que hace, y cómo afecta a lo que sienten por ellos. Por ejemplo, los dueños pueden creer que su gato es leal, fiel, emocionalmente cercano y que disfruta cuando lo acarician o interactúan con él. Sin embargo, todo esto se complica cuando nos fijamos bien en los gatos y en su comportamiento, ya que los dueños pueden pensar que mantienen una relación cercana porque la forma en que se comporta su gato es lo que ellos necesitan. Pero, como hemos visto, la tolerancia al contacto físico puede variar mucho entre los gatos, y hasta en el mismo gato, en función de los distintos entornos y circunstancias.

En esta encuesta, los dueños de gatos no parecían valorar el hecho de que el gato los buscara si algo los preocupaba, que es una de las cosas que los dueños de perros consideran que los une a sus mascotas. El que los dueños de gatos no valoraran este aspecto de su relación puede ser muy sensato, puesto que podría decepcionarles vivir con un animal que ha evolucionado para ser autosuficiente y que no cuenta con un pasado en el que los miembros de su especie se ayudaran unos a otros.

¿Qué se descubrió? A más de una cuarta parte de los participantes se les clasificó como personas que tenían una *relación abierta* con el minino, lo que significa que tenían una relación bastante neutra y sentimientos emocionales equilibrados hacia sus gatos. Por lo general, los gatos podían salir al aire libre; se llevaban bien con otras personas; parecían estar a gusto con sus dueños, pero no necesitaban estar cerca de ellos y parecían independientes (o, como algunos dirían, distantes). Estos dueños eran menos propensos a tener muchos gatos, pero cuidaban bien del suyo y quizá reconocían la importancia de la decisión y de mantener a los gatos activos e interesados. Los dueños no se veían a sí mismos como un refugio para el gato ni confiaban en que este los buscara si se sentía estresado.

Con una puntuación ligeramente por debajo los seguía un grupo con una implicación emocional menor, que tal vez no consideraba al gato un amigo ni parte de la familia, aunque el gato se mostrara amistoso con ellos y no con otras personas. A esta relación se la denominó *asociación remota.* Un tercer grupo mantenía una *relación casual*, en la que los gatos eran sociables y se encontraban bien con otras personas, y no parecían necesitar a su dueño más que a los demás. Normalmente se daba en casas ajetreadas, en las que los gatos solían salir al exterior e incluso visitar las casas vecinas. Estas dos últimas relaciones se caracterizaban por la existencia de un dueño emocionalmente lejano, mientras que la diferencia se hallaba en el grado en que el gato aceptaba a los demás.

En las *relaciones de codependencia* y *amistad*, los dueños estaban muy implicados emocionalmente con sus gatos, pero diferían en el grado en que el gato aceptaba a los demás y en la necesidad de estar cerca de sus dueños. Casi el 45 % de los que respondieron al cuestionario eran dueños que se sentían muy implicados emocionalmente con sus gatos. Esto coincidía con los resultados de los dueños que decían que el gato no era «distante» y con el hecho de que el gato lamiera al dueño, es decir, se trataba de gatos amistosos a los que parecía gustarles estar cerca de sus dueños. Por otra parte, había gatos que se encontraban bien con sus congéneres y con otros seres humanos, pero que parecían preferir a su dueño antes que a otras personas. A esta relación se la denominó *codependiente* (dependencia mutua) y parecía ocurrir en hogares en los que el gato no tenía acceso al exterior. En estos casos, el gato y su dueño jugaban juntos y el dueño a menudo se quedaba con él mientras el gato comía. Los autores del trabajo sostienen que esta relación podría surgir de la interacción con el dueño y se preguntan si estos gatos podrían ser más propensos a sufrir ansiedad si se les separa de ellos o si sufrían frustración porque los dueños controlaban las interacciones, como en qué momento se alimentaba al gato y otros aspectos de sus vidas. Los investigadores afirman que la *amistad* es el tipo de relación que se da con más frecuencia en las casas con más de un gato, donde dueño y gato mantienen una relación aparentemente amistosa y cálida, pero también pueden funcionar de forma independiente. A los gatos que son así les gusta estar cerca de su dueño, pero no sienten la necesidad de mantener una proximidad física con él.

¿Qué significa todo esto? A juzgar por los resultados de esta encuesta, parece ser que el nivel de implicación emocional del dueño y la sociabilidad del gato pueden dar lugar a distintos tipos de relación. La sociabilidad se entendía como la aceptación de personas distintas del dueño, pero difería en cuanto al contacto cercano y las interacciones amistosas. Los autores observaron asimismo que, aunque a muchos gatos se los pudiera considerar *distantes*, esto no es tan común como se solía decir. *Distante* no es una palabra especialmente agradable y nos hace pensar en gatos que no son amistosos ni comunicativos, es decir, gatos fríos, indiferentes y poco implicados en la relación con los humanos. De hecho, es un término que podrían utilizar personas que no interactúan con sus gatos o no tienen ninguno, más que quienes se han implicado en la relación con su gato.

Las primeras investigaciones en las que se les preguntaba a los dueños qué les gustaría encontrar en un gato que considerasen más cercano que el suyo a su «ideal», arrojaron resultados interesantes. Los dueños que tenían más de un gato deseaban que sus mininos fueran menos quisquillosos con la comida que las personas que solo tenían un gato. En comparación con los dueños de gatos de interior, las mujeres que tenían gatos a los que se les permitía salir al exterior deseaban que fueran más cautelosos y menos amistosos con los desconocidos, lo cual es comprensible, ya que lo más probable es que les preocupara la seguridad de sus animales. Pero los dueños que sí los dejaban salir también querían que sus gatos fueran más independientes que los dueños de gatos que no tenían acceso al exterior, que deseaban que sus gatos estuvieran cerca de ellos. Las personas mayores estaban dispuestas a esperar a que sus gatos tomaran la iniciativa, eran más tolerantes con cualquier comportamiento que causara daños, aceptaban mejor la individualidad del gato y estaban más satisfechas con sus mascotas que las personas más jóvenes.

No debemos dar por sentado el papel de los gatos en nuestras vidas. No hay nada malo en querer compartir nuestra vida con ellos, pero pensar en nuestras motivaciones puede ayudarnos a lograr un mejor entendimiento y hacernos reflexionar sobre la convivencia para que tanto nosotros como nuestras mascotas podamos disfrutar de ella. Veamos ahora algunas de las cosas que esperamos de nuestros gatos.

Que les guste que los acariciemos y los mimemos

Me encanta el diagrama que han elaborado los expertos de International Cat Care, en el que se muestran las distintas formas en las que nuestros gatos reaccionan al contacto físico (véase en la página siguiente). No se trata de la misma clase de gatos que vimos en el capítulo 2, en el que se analizaban sus estilos de vida, desde los que no quieren estar con el ser humano hasta las mascotas. Lo que ahora vamos a analizar son las respuestas de nuestros gatos de compañía al contacto físico, como las caricias.

Todo el que haya tenido varios gatos en su vida, o conozca a amigos que los tengan, sabe que la cantidad y la forma de contacto físico que buscan varía mucho de unos a otros. Todo dependerá de muchos de los aspectos que hemos tratado en los capítulos anteriores. Las reacciones de los gatos van desde

RESPUESTA DEL GATO DE COMPAÑÍA AL CONTACTO FÍSICO

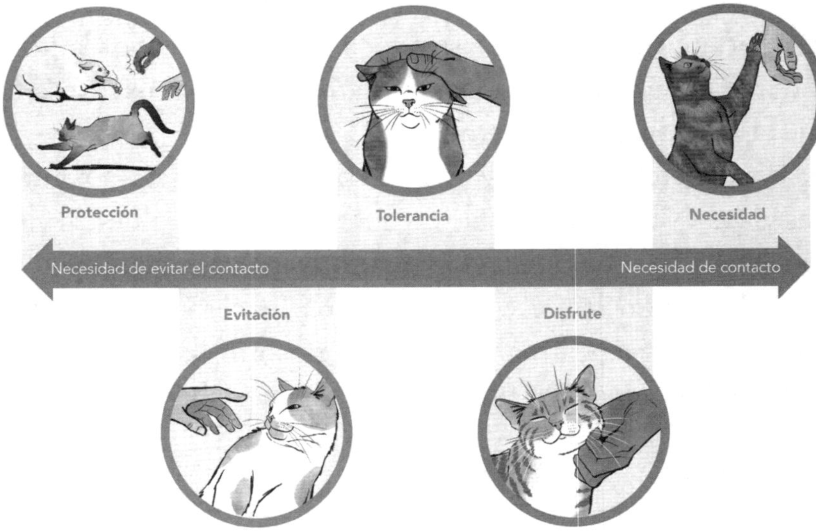

Imagen cedida por International Cat Care que muestra las diferentes respuestas de los gatos de compañía al contacto físico.

la defensa hasta el disfrute. Antes se llamaba *agresión* a los comportamientos de protección, pero los expertos se resisten, con razón, a etiquetar este tipo de conductas como agresión. La palabra *agresión* evoca la «acción de atacar sin provocación». Pero los gatos atacan muy muy pocas veces sin provocación; y la provocación en sí misma no significa incitar abiertamente una reacción. Muchas veces su reacción podría no significar más que «por favor, aléjate de mí» o «no me gusta esta situación», porque hay alguien cerca. Así pues, decimos que el gato tiene un *comportamiento de protección* para indicar que no está actuando sin motivo, sino tal vez porque se encuentra ante una situación que no es capaz de afrontar, una situación que a muchas personas podría no resultarle extrema, dado que su intención es darle cariño, demostrárselo con caricias y persistiendo hasta que el gato lo acepte y se sienta mejor. Por desgracia, el amor no siempre supera todos los obstáculos, y los miedos pueden estar muy arraigados. El gato reacciona intentando alejar a la gente y recuperar el control de la situación, porque no entiende la motivación humana. Es la respuesta más extrema, seguida de la evitación, y probablemente se produce cuando el animal no puede evitar la situación. A veces, hasta los gatos amistosos nos evitan simplemente porque no quieren ser acariciados o mimados en ese momento en concreto.

Mi imagen favorita es la de la tolerancia: creo que a menudo nuestros gatos simplemente toleran lo que hacemos, ni nos alejan ni nos animan, sino que aguantan el contacto y se van en cuanto tienen la oportunidad de hacerlo. No es un desprecio hacia nosotros y no significa que no les gustemos; puede que sencillamente quieran hacer otra cosa o que tengan otras preocupaciones en ese momento.

A algunos gatos les encanta la interacción y la «necesitan», por lo que nos animan activamente a interactuar con ellos y a acariciarlos, porque disfrutan del contacto físico. Pero que no se nos olvide que el mismo gato puede reaccionar de formas distintas en momentos distintos, en función de las circunstancias. Los dueños, lógicamente, prefieren las respuestas de disfrute o tolerancia, y a algunos incluso les gusta que el gato muestre necesidad, aunque a otros les resulta molesto.

El diagrama muestra las reacciones a las caricias, pero la mayoría de la gente desea mucho más que acariciar a sus gatos. A muchas personas les encanta dar abrazos y besos como muestras de afecto, y es muy tentador intentar abrazarlos cuando sentimos la necesidad de hacerlo. Por algo compramos peluches, que son universalmente atractivos para todas las edades. A algunos gatos les gusta que les besen en la parte superior de la cabeza o incluso que los abracen fuertemente, mientras que a otros les molesta que los invadan o que restrinjan su movilidad de esa manera. Muchos gatos no quieren que se los trate como a un peluche, porque se sienten encerrados y limitamos su capacidad de cuidar de sí mismos y de tener una vía de huida fácil en caso necesario. Es una respuesta instintiva, y puede que nos ofenda que no se den cuenta de que nosotros no les haríamos daño, pero debemos recordar que los gatos necesitan tener la capacidad de elegir y mantener el control de la situación. Incluso los gatos «necesitados» pueden no querer que los abracen con fuerza, por más que anhelen algún tipo de atención o reconocimiento, lo que puede resultar bastante frustrante para sus dueños, que quieren acurrucarlos entre los brazos porque esa parece ser la forma definitiva de demostrar que les importan y que los protegerán.

Algunas razas parecen disfrutar más del contacto cercano, aunque, como siempre, hay una gran variedad de reacciones tanto en los gatos de raza como en los mestizos. Las reacciones también pueden depender de la persona y de cómo se siente el gato en ese momento. En caso de persistir, puede que los gatos se acostumbren si se hace despacio y con cuidado, pero también puede que se den cuenta de lo que se les quiere hacer y reaccionen más rápidamente para evitarlo, con lo que se les estará alejando en lugar de animarlos a acercarse.

Por otra parte, los gatos saben cómo comportarse cuando quieren interactuar con nosotros. Para hacerlo, utilizan comportamientos naturales, como ronronear, frotarse contra nosotros o amasar (puede doler un poco si llevamos ropa fina y nos clavan las garras), así como emitir maullidos, una señal que los gatos no utilizan entre ellos y que han desarrollado exclusivamente para nosotros. De pequeños, los gatos ronronean y amasan con sus madres: ronronear fomenta la interacción e indica que todo va bien, y amasar, que es una repetición de los movimientos del gatito al mamar, estimula el flujo de salida de la leche. Es un gesto absolutamente encantador, y podemos fomentarlo aún más si nos ponemos la ropa muy suave y cálida, que los gatos adoran y que a veces parecen llevarlos a un éxtasis de amasamiento y ronroneo. Es de suponer que, cuando lo hacen, entran en el mismo estado mental que cuando eran gatitos, succionando y acurrucándose en una mamá suave y cálida que les proporciona la cena.

Que nos hagan compañía

Todo el que haya perdido un perro o un gato sabe lo horrible que es llegar a una casa vacía, sin que ellos estén ahí y vengan a saludarnos. Hasta un pequeño gato puede llenar la casa con su carácter y hacer que la sintamos como un hogar. La compañía puede consistir simplemente en compartir el espacio y tener un animal cerca o puede convertirse en una relación mucho más estrecha. Las investigaciones han demostrado que cuando interactuamos con nuestros gatos o nuestros perros, aumenta la producción de las mismas hormonas que se secretan cuando establecemos vínculos afectivos con nuestros bebés. Esto no quiere decir que los gatos sustituyan a los niños o las personas, pero nos proporcionan algo que cuidar. Por eso, por más que no los veamos como sustitutos de las personas en nuestras vidas e interacciones sociales, pueden ayudarnos a mejorar nuestro estado de ánimo.

Que nos hagan sentir que nos necesitan

Sentirnos necesarios es fundamental para los seres humanos. Queremos ser significativos para otros, desempeñar un papel importante y contribuir a algo que vaya más allá de nosotros mismos, ya sea la familia, la comunidad o una causa con la que nos sentimos fuertemente vinculados. Sentirse significativo o encontrar un sentido es un deseo humano básico y un factor crítico para el bienestar mental, emocional y físico. Las mascotas nos aceptan, son sinceras (siempre que sepamos descifrarlas bien y con honestidad) y pueden ayudarnos a sentir amor y autoestima. Tener un animal de compañía puede inducir el contacto entre las personas, e incluso aumentar nuestra capacidad para la amabilidad y la generosidad. Si este sentimiento de aceptación desaparece, podemos sentir que hemos perdido la dirección y el sentido de propósito.

Los seres humanos somos criaturas sociales y el sentido de pertenencia y propósito nos hace sentir bien. Nuestros gatos pueden darnos la oportunidad de sentirnos necesarios, lo que también podría explicar por qué algunas personas prefieren adoptar gatos que han tenido vidas muy difíciles o que tienen enfermedades o discapacidades que requieren muchos cuidados; y probablemente por qué los gatos que solo tienen tres patas se adoptan antes en los centros de acogida que los que tienen las cuatro. No hay nada de malo en ello, ya que brinda un motivo para asegurar que obtengan esos cuidados que para ellos son tan necesarios.

Yo no soy psicóloga, pero creo que a veces esta necesidad también podría ir demasiado lejos. Si una persona no puede prescindir del objeto de su afecto, el gato podría sentirse incómodo por ser el centro absoluto de la vida de alguien.

Que llamen la atención

Los gatos suelen proporcionar una compañía muy personal: puede que nuestros perros nos saquen a pasear y hagan que hablemos con otras personas, y que, sin embargo, la gente ni siquiera sepa que tenemos un gato. Sin embargo, todo ha cambiado en la era de las redes sociales, donde podemos compartir información sobre nuestros gatos y sus travesuras. Para la mayoría de la gente solo es una forma agradable de enseñar las fotos de un animal al que se quiere y conocer a otras personas que sienten lo mismo. Las redes sociales pueden utilizarse para hablar sobre el bienestar animal y tomar conciencia sobre las formas en las que podemos ayudarlos o encontrarles un hogar.

Pero también pueden dar pie a comportamientos que no contribuyan al bienestar felino. En internet hay muchos gatos muy miedosos que siguen provocando risas; también hemos asistido al aumento de seguidores de gatos como Grumpy Cat, a los que se les atribuyen características humanas y cuyo aspecto anormal es fuente de diversión para muchos. Todo esto podría fomentar que se críen gatos de aspecto inusual para que nos asocien a ellos y a su popularidad.

Concursos como el premio al perro más feo del mundo (World's Ugliest Dog Contest) reúnen fotos de perros muy poco comunes. La interpretación más bondadosa de este concurso es que podemos amar a los animales independientemente de su aspecto y que no tienen por qué ser bonitos para recibir nuestro afecto. Otra forma de verlo es como un espectáculo de rarezas para hacer reír, y viendo a muchos de los concursantes queda claro que estos animales son el resultado de una mala cría que dio lugar a deformaciones en el cuerpo y la cara, pelajes extraños y otros problemas. Aunque individualmente queramos que se cuide a todos los animales una vez que están en el mundo, más bien parece que se están celebrando actos que podrían y deberían evitarse, y dándole a la gente una excusa para exhibir a estos animales. La situación del ganador de uno de estos concursos todavía me inquieta: era un bulldog que apenas podía caminar porque tenía las patas muy arqueadas y, debido a la anatomía de su enorme cabeza, tenía una boca enorme (sin espacio para la nariz en un morro tan plano) en la que no podía meter la lengua, que le colgaba todo el tiempo. Parte del premio consistía en un viaje a Nueva York para seguir enseñando al perro..., un perro que apenas podía caminar y que respiraba con dificultad, lo que se vería agravado por el estrés y el calor, y que tuvo que viajar a una ciudad lejana en avión o en coche. ¿Dónde queda el bienestar del animal en esta situación?

En un concurso similar que se celebró en Asia, los ganadores —los considerados más feos— fueron un perro crestado chino y un gato esfinge (sin pelo). Otros gatos finalistas fueron un fold escocés y un persa cruzado, todos ellos criados deliberadamente por personas. Me entraron ganas de llorar cuando vi un vídeo de YouTube del gato Wilfred, un «tesoro» de las redes sociales: se le ha criado con muchos problemas hereditarios, de modo que los ojos le sobresalen en una cara tan distorsionada al ser criado en busca de una conformación extrema, que le debe resultar difícil comer. El vídeo empieza diciendo:

«A Wilfred no le pasa nada, simplemente es feo». Hay una causa para problemas como este: la forma humanoide. Deberíamos ser conscientes de que los problemas de estos animales se pueden prevenir, y no debemos celebrarlos. Tenemos que atender a los animales que son el resultado de una cría irresponsable, pero también intentar evitar que se repita en el futuro. En el capítulo 7 hablaremos sobre algunas prácticas de cría que implicarían un maltrato para los gatos.

Disfrazar a los gatos es otra forma de llamar la atención. Es algo que probablemente los gatos no disfrutan. En el mejor de los casos, lo toleran. A algunos se les ve claramente angustiados; muchos se quedan quietos o se caen debido a los vestidos. ¿Dónde está nuestro respeto por esta adorable especie? Hay otros que padecen artritis, como el fold escocés, que puede que no quieran moverse ni reaccionar debido al dolor o la incomodidad que les produce. Los gatos no son muñecos que podamos vestir de acuerdo a la estación o la celebración.

Que piensen y sientan como las personas

Existe la creencia de que etiquetar a nuestras mascotas como nuestros «bebés» o a nosotros como «padres» nos ayudará a ser empáticos con nuestros animales y a tratarlos como miembros de nuestra familia, y por tanto con simpatía y responsabilidad. Pero la verdad es que a mí no me gusta, ya que podría llevarnos a pensar que nuestros gatos son humanos, con los mismos pensamientos y sentimientos que nosotros, y que deberíamos tratarlos del mismo modo que a nuestros hijos. Podría parecer una forma fácil de interpretar a nuestros gatos, a veces tan misteriosos y complejos, pero al mismo tiempo corremos el riesgo de malinterpretarlos, puesto que no son personas, y tienen deseos y necesidades diferentes (como veremos en el capítulo 5). Todo ello podría llevarnos a actuar emocionalmente, pensando que se sienten solos o celosos, o que necesitan que les compremos artículos caros (y los fabricantes de productos de mascotas aprovechan para animar a la gente a demostrar el amor por ellas gastándose mucho dinero) o que el amor humano puede superar cualquier obstáculo.

El antropomorfismo (atribución de sentimientos humanos a los animales) puede mejorar la empatía (capacidad de comprender y compartir los sentimientos de otro), pero si estamos malinterpretando estos sentimientos también puede restar prioridad a las necesidades de los animales. Se trata de respetar a la especie y al individuo, y puede que tengamos que adaptar nuestro comportamiento si realmente queremos mejorar la vida de nuestros gatos. A veces, en realidad, no queremos entenderlo así porque no nos conviene, y puede que tengamos que cambiar nuestras actitudes y acciones.

Que reaccionen positivamente a nuestro «amor»

Puede que no queramos pensar así, pero, como ya hemos comentado en este mismo capítulo, los estudios demuestran que el afecto que sentimos por nuestro gato está relacionado con la percepción que tenemos de su afecto por nosotros y con lo predecible, curioso, juguetón y limpio que sea, por lo que tenemos unas expectativas bastante altas y parece que también queremos que él nos corresponda. Los dueños que se sienten muy apegados a sus gatos son más propensos a seguirlos por todas partes y a querer que se comuniquen con ellos. Pretendemos gustarles a nuestros gatos, incluso que nos tengan cariño, ¡por lo menos, no esperamos que sean obedientes o nos protejan, como hacemos con sus primos caninos!

Según los resultados de una encuesta en la que participaron dueños de gatos, a los gatos de interior se los valoraba más cuando eran más activos, interactuaban con sus dueños y eran ellos los que iniciaban la interacción. Los gatos que podían salir al aire libre parecían frotarse más contra sus dueños que los que no salían de casa, sobre todo cuando volvían a entrar, tal vez para volver a conectar con ellos con saludos e intercambios de olores; y a estos gatos que podían salir también se los consideraba menos curiosos que a los otros. En cualquier caso, esta encuesta plantea muchas preguntas, no solo acerca del comportamiento de los gatos, sino también sobre la interpretación de los dueños. Puede que los gatos que salen al exterior sean tan curiosos como los que no, pero que al aire libre puedan satisfacer su curiosidad antes de volver a casa, saludar a su dueño y descansar, mientras que los gatos de interior tienen que satisfacer su curiosidad fijándose en las actividades de los dueños, porque dentro de casa las cosas no ocurren espontáneamente ni escapan tanto a su control como fuera, lo cual probablemente centre más la atención del gato en sus dueños.

La idea de que «el amor todo lo vence» puede ser romántica y optimista, ¡pero no necesariamente cierta en el caso de los gatos! Al leer los capítulos anteriores, en los que hablábamos de los distintos niveles de interacción que pueden preferir los distintos gatos, os habréis dado cuenta de que ni una montaña de amor puede cambiar su carácter o aliviar su ansiedad ante las personas o la vida en general. Tal vez queramos creer que si seguimos dándoles nuestro afecto, los gatos lo aceptarán y se convertirán en mascotas que nos corresponderán disfrutando de nuestras caricias. No cabe duda de que el amor puede impulsarnos a dar, pero lo importante es la naturaleza del amor. Un buen amor es respetuoso y paciente, y la prueba puede estar en nuestra capacidad de querer a un gato en la distancia, sin contacto físico y sin perseguirlo para obligarlo a este tipo de interacciones. Si el gato se nos acerca, podemos responder, pero insistir demasiado o angustiarlo no es amor. Pueden pasar años antes de que un gato ansioso haga un pequeño movimiento o simplemente no se aleje, y hasta eso es de agradecer.

También podemos querer demasiado a nuestros gatos sobrealimentándolos, en parte porque el acto de darles de comer puede ser un momento para pasar con ellos y que nos resulta gratificante. Hasta un gato callejero puede interactuar con nosotros hasta cierto punto, acercándose si cree que le vamos a dar comida: puede que no quiera caricias ni mimos, pero es un momento de comunicación entre el gato y el ser humano.

Que les guste estar con nosotros, con nuestra familia y con nuestros amigos

Hay personas a las que les gusta que el gato solo los quiera a ellos y a nadie más, porque les hace sentirse especiales. Algunos gatos, probablemente los que hayan socializado menos durante los primeros meses de vida, parecen sentirse bien con una persona, pero no con las demás. Los gatos son un placer mucho más privado que los perros, en el sentido de que nuestros amigos o conocidos no pueden conocerlos a menos que vengan a nuestra casa. Pero a casi todo el mundo le gusta que sus amigos y familiares vean a sus gatos, y nos encanta cuando el gato es comunicativo y se acerca para que lo acaricien o incluso busque a alguno de los presentes para sentarse en su regazo (¡esperando que a él también le guste!). Hay mucha gente que dice que su gato se acerca a la persona que haya mantenido más las distancias. No sabemos si esto ocurre porque a las personas que no les gustan los gatos no los miran directamente ni intentan llamar su atención, por lo que al quedarse quietas y calladas el gato no las percibe como una amenaza, lo cual les resulta bastante atractivo. ¡Aunque debe de ser algo molesto que se te acerque un gato si no te gustan!

Que quieran estar con otros gatos

Como hemos visto, el antepasado del gato doméstico es el gato montés africano, una especie solitaria que rara vez se reúne con sus congéneres, si no es para aparearse u ocuparse de sus crías. Nuestros gatos no tienen un deseo de evitación tan definido, pero, aunque son más flexibles, tampoco tienen una gran necesidad de compañía, como vemos en los perros y las personas. Tampoco sabemos, por muy sociables que sean nuestros gatos, si realmente perciben nuestra ausencia como soledad o si la aceptan sin mayores problemas y luego se adaptan a las cosas buenas que surgen cuando estamos en casa. Sabemos que los gatos varían sus actividades y ajustan el tiempo que pasan despiertos para adaptarse a sus dueños, sobre todo si son de interior, y viven en una casa tranquila en la que ven pocas variaciones en el día a día, en comparación con el gato que puede salir de casa en busca de aventuras. En todo caso, si creemos que nuestro gato de interior puede sentirse solo y queremos conseguirle un «amigo», primero tendríamos que pararnos a pensar que para este gato, que vive solo en un entorno poco variable, podría resultar difícil que pongamos todo su mundo patas arriba al traerle a otro gato que puede que no le guste. Si estamos pensando en tener dos gatos, puede que lo mejor sea empezar por llevar a casa a dos gatitos juntos y darles espacio para que puedan alejarse el uno del otro a medida que crecen si lo necesitan. De todas formas, esto no garantiza que al crecer sigan siendo amigos, por lo que tendremos que vigilar su relación.

Algunos gatos pueden sufrir cuando se los deja solos (normalmente, son gatos como el siamés, el birmano u otras razas parecidas, que pueden estar muy apegados a sus dueños). Pero tenemos que conocer bien a nuestro gato y no dar por sentado que quiera tener a otro felino merodeando a su alrededor solo porque nosotros queramos o porque lo dejemos solo de vez en cuando. Algunos gatos son perfectamente felices así y les disgustaría mucho más la llegada de un «amigo». Por otra parte, tampoco debemos asumir que porque un gato se haya llevado bien con otro que por desgracia haya muerto, acogerá bien a otro: pensad en cómo os sentiríais si alguien decidiera haceros convivir con un compañero con el que no os lleváis bien o del que no os podéis separar.

Recordemos que los gatos tienen una naturaleza territorial (como vimos en el capítulo 1) y lo fuerte que puede ser ese instinto. Los gatos tienen una marcada individualidad, con sus propios gustos y aversiones, y obligarlo a vivir con otro gato puede ser muy estresante para ambos. Llegado el caso, tampoco se puede olvidar que se necesita tiempo y paciencia para integrar a un nuevo gato, y que debe hacerse con mucho tiento. A algunos gatos les gusta estar con otros; los gatitos suelen llevarse bien entre ellos, pero cuando alcanzan la madurez social, entre los dos y los cuatro años de edad, quizá necesiten más espacio individual, sobre todo si no pueden salir. Algunas casas no son adecuadas para albergar a varios gatos de interior: las que tienen habitaciones pequeñas o muchas escaleras estrechas, en las que un gato puede impedir el paso a otro, no favorecen las relaciones.

Que sean limpios y no nos destrocen la casa

Lo limpios que son los gatos es una de las razones por las que han llegado a convertirse en unas mascotas tan populares. Los gatos suelen hacer sus necesidades al aire libre o en un arenero dentro de casa sin problemas; son muy limpios, se acicalan solos y rara vez traen barro a casa, a menos que se les quede pegado si tienen el pelaje largo; no huelen mal, ni siquiera cuando se hacen mayores (¡a diferencia de sus primos caninos!), y tampoco suelen mordisquear las cosas como consecuencia de la ansiedad por separación, un problema que sí deberán abordar los dueños de los perros.

En cuanto a los «destrozos», el mayor problema suelen ser los arañazos. Los gatos tienen una necesidad innata de afilarse las uñas y utilizar las secreciones de las patas como mensajes olfativos y marcas visuales. Muchos gatos de interior arañan las cosas, y la mayoría de los dueños lo toleran hasta cierto punto: podemos ponerles rascadores, pero puede que aun así no evitemos sus marcas al cien por cien. De todas formas, la solución no está en extirparles las garras, lo que afortunadamente está prohibido en muchos países, incluido el Reino Unido, pero no en otros (para más información sobre esta horrible práctica, véase el capítulo 7).

Cuando leáis ese capítulo y el siguiente os daréis cuenta de que las necesidades y los deseos de las personas no siempre coinciden con los de los gatos. Lo que tenemos que hacer es ser capaces de comprender en qué aspectos no coincidimos del todo y averiguar qué podemos hacer para superarlo.

CAPÍTULO 5

Qué necesitan y quieren los gatos, y cómo armonizarlo con lo que nosotros queremos para ellos

Nuestros gatos son como miembros de la familia. Por eso, si alguien nos pregunta qué queremos para ellos, podríamos decirle lo mismo que diríamos, por ejemplo, de nuestros hijos o familiares: que estén sanos, que sean felices y que tengan opciones en la vida. ¿Cómo se aplica esto a lo que quieren o necesitan ellos? Como hemos visto, lo que puede ser un placer para un gato puede ser un horror para otro, y lo que nosotros queremos para ellos puede no ser lo que ellos desean. En el fondo, nosotros nos limitamos a intentar adivinar lo que necesitan y quieren basándonos en un conocimiento limitado de su comportamiento.

Pero vale la pena intentarlo, ya que cada año se entrega un gran número de gatos a las organizaciones de adopción y los «problemas de comportamiento» son una de las principales razones que dan los dueños que los abandonan. Todo parece indicar que estos dueños no comprenden bien las necesidades y las conductas de sus gatos; los veterinarios apuntan, además, que eso genera estrés a estas personas. Así pues, una mejor comprensión de las necesidades de un gato debería hacer que las expectativas fueran más realistas y que, en consecuencia, los dueños contribuyeran a que sus gatos se sintieran más cómodos con ellos.

La salud es algo en lo que podemos trabajar: nuestros conocimientos sobre las enfermedades de los gatos y su tratamiento y prevención están avanzando gracias al trabajo de International Cat Care y de otros pioneros dedicados a su estudio. Dado que los gatos se han convertido en mascotas tan populares y siempre han contado con personas que los han defendido, ahora podemos ofrecerles una buena atención sanitaria, tratamiento y nutrición. Siempre hay cosas nuevas que aprender, pero en los últimos sesenta años hemos recorrido un largo camino para garantizar que nuestros gatos reciban un buen tratamiento y alivio del dolor en caso de enfermedad.

Nos gustaría pensar que son felices, pero ¿qué significa *feliz* para un gato? En este capítulo analizaremos lo que necesitan y lo que podrían desear, esperando que si logramos satisfacer esas necesidades, puedan ser felices. Nosotros sabemos que para ser felices necesitamos un hogar que nos haga sentir seguros y cómodos para poder relajarnos y disfrutar de nuestras experiencias y relaciones. Para un gato no es tan diferente: los gatos juegan o ronronean como una muestra de felicidad, pero no lo harán si se sienten inseguros, están sedientos o hambrientos, sienten dolor o malestar, o están incómodos o ansiosos. La felicidad es la cumbre que se halla por encima de todas las necesidades básicas. Un gato no se parará a considerar la posibilidad de dar afecto o ser amistoso si esas necesidades no se han cubierto. No es nada fácil definir qué es la felicidad para las personas, pero sí sabemos que es algo que nos gustaría alcanzar para nosotros y para nuestros gatos.

Quizá la forma más fácil de explicarlo sea decir que debemos hacer que los gatos se sientan seguros en nuestros hogares, que coman bien, estén sanos y se sientan en forma, y que además se encuentren cómodos con el tipo de relación que mantenemos con ellos y con el entorno en el que viven. No queremos que estén «estresados» ni asustados. Es necesario que «pensemos como un gato», en vez de atribuir sentimientos y necesidades humanas a nuestros felinos, y que aceptemos y comprendamos sus caracteres particulares.

El punto de vista del gato

Sabemos que hay una diferencia entre la forma en que los gatos viven sin las personas y la forma en que queremos que vivan con nosotros. Mucha gente podría pensar que tener un gato que demuestra cariño, es mimoso y comunicativo, y está obviamente relajado y feliz de vivir a su lado es «normal» y que todos los gatos son así. De hecho, hay muchos gatos y personas que tienen una relación estupenda. Si tenéis uno así, ¡disfrutad con él! Cuando esto ocurre, ¿será porque los dueños comprenden a sus gatos, porque los gatos viven tranquilamente inmersos en las necesidades humanas o un poco por ambas cosas?

Los gatos que viven con nosotros consiguen cobijo, seguridad y una fuente continua de comida, calor y comodidad. También reciben nuestro *amor*, pero este es un concepto muy amplio que, como hemos visto, y al igual que en las relaciones humanas, puede ir desde una confianza respetuosa y mutua, en la que ambas partes se dejan espacio para ocuparse de sus cosas y disfrutar del contacto físico cuando ambos lo desean, hasta una relación controladora o irrespetuosa que no tiene en cuenta las reacciones o necesidades del otro.

Situándonos en este arco, en un extremo estaría vivir con un gato con el que se interacciona muy poco. Para ser sinceros, hay muchos gatos que llevarían estupendamente esta situación, excepto los gatos que realmente la buscan. Para los gatos que no cuentan con una genética o con experiencias tempranas que los hagan propensos al trato con las personas, ¡sería la situación ideal! En el otro extremo se encuentra la necesidad humana de controlar el comportamiento y todos los riesgos que puede correr el gato, así como la necesidad del contacto físico aun cuando el animal no lo desee o no se sienta cómodo con él. ¿Interpretamos el comportamiento del gato desde nuestro punto de vista, en lugar de hacerlo desde el suyo, porque es lo que nos conviene y no queremos cambiar nuestra forma de actuar?

¡Intentar ver las cosas desde el punto de vista del gato sería un buen comienzo! ¿Qué impulsos y motivaciones tienen los gatos que no se pueden reprimir? ¿Cómo afecta el estilo de vida que tenían los gatos en el pasado a su capacidad de adaptarse ahora al ser humano? ¿Qué preferencias individuales tienen? Por supuesto, los gatos no pueden decirnos directamente lo que quieren o necesitan, así que tenemos que interpretar su comportamiento a la luz de lo que sabemos sobre los gatos en general y sobre los nuestros en particular.

Todos los gatos tienen necesidades comunes: comida, agua, un lugar donde sentirse seguros y descansar, y una zona para hacer sus necesidades, pero hasta esto podría no ser tan sencillo, ya que las necesidades de un felino también pueden verse influidas por el grado de confianza que tenga en nosotros y por las personas o animales que encuentre en el entorno en el que vive. Los gatos necesitan un desahogo para los comportamientos que forman parte de su naturaleza, como afilarse las uñas y frotarse, y para los instintos de caza (que pueden descargar a través del juego). Evidentemente, también necesitan vencer las dificultades del entorno y las derivadas de la mala salud, el dolor o las lesiones, el miedo y la angustia. Nuestros cuidados deben tener en cuenta tanto su bienestar mental como su salud física. Algunos animales, como los perros, necesitan compañía; otros, como los gatos, la posibilidad de alejarse de otros animales (a menudo, de otros gatos) si lo desean.

Estos son los aspectos básicos —algunos son muy obvios—, pero hasta las cosas sencillas pueden resultar más complejas de lo que pensamos. A grandes rasgos, ya sabemos cuáles son las necesidades básicas que los gatos deben tener cubiertas para sobrevivir, pero también podrían disfrutar de algo más que de lo básico, como coger el mejor sitio junto al fuego o saborear su comida preferida. Sin embargo, mientras la ciencia nos ayuda a comprender sus «necesidades», tenemos que ser nosotros los que intentemos interpretar los «deseos» de nuestros gatos.

Ser autosuficientes y tener capacidad de elección y control

Como vimos en el capítulo 1, el gato es un animal autosuficiente (tanto si lo ayudamos como si no), al que los genes y la experiencia pueden hacer más propenso a aceptar nuestra ayuda y cuidados. La evolución hace que nuestros felinos estén atentos a su seguridad y a las oportunidades de cazar —y por tanto de comer— que se puedan presentar. Para ser autosuficiente, el gato necesita controlar su entorno y poder decidir qué hacer. Si percibe un peligro (ya sea real o no), necesitará poder reaccionar para alejarse de la amenaza. Puede actuar de un modo que a nosotros nos parezca que no tiene sentido, pero eso es porque no «pensamos como un gato». Un comportamiento que suele hacer gracia es cuando cerramos una puerta y el gato intenta abrirla, pero luego, cuando la abrimos, no sale. Para nosotros carece de sentido; es como si el gato se pusiera «difícil» porque sí, pero en realidad es cuestión de instinto: no es que quiera salir, sino tener una salida por si la necesita. ¡Solo desea poder elegir! No es estrés, tan solo un poco de frustración por impedirle hacer algo que lo ayude a manejar sus sensaciones.

Una mayor pérdida de control puede provocarle más estrés. Por ejemplo, si pasa mucho tiempo con otro gato con el que no se lleva bien y no puede alejarse de él, vivirá en un estado de ansiedad y miedo sin tener donde esconderse para aliviarlo. Otro ejemplo podría ser el de un gato que estaba acostumbrado a poder salir, pero que por alguna razón (que puede ser médica o una decisión del dueño) ya no puede: en este caso, la frustración podría comportar un cambio de comportamiento que mucha gente consideraría malo, como ensuciar la casa, esconderse o reaccionar de un modo que puede parecer agresivo.

Seguridad

Un gato valora mucho su territorio: es una zona que debe defender para alimentarse, pero también un lugar en el que encuentra descanso y refugio. El hecho de que los gatos vivan en nuestras casas y creamos que están seguros no significa que sus instintos de protección y refugio hayan desaparecido. Incluso en nuestros hogares, los gatos buscan un territorio seguro con comida abundante y una zona para hacer sus necesidades. Nosotros podemos pensar que el interior de nuestra casa es un lugar inexpugnable, pero ¿lo es desde su punto de vista?

Para un gato que puede salir, la casa forma parte de un territorio más amplio. Aunque tenga que enfrentarse a muchas situaciones en el exterior, probablemente la casa será el núcleo más seguro de su territorio, donde encontrará muchos menos retos; pero si le llevamos un gato nuevo como «amigo» o se cuela un «visitante» por la gatera, su seguridad se verá amenazada. Sin embargo, un gato que vive exclusivamente dentro de casa cuenta con un territorio mucho más pequeño y se concentra en él. Por eso, si llega un gato nuevo y se apodera de todo su territorio, lo sentirá como una enorme intrusión. Le he oído decir muchas veces a la gente lo encantador que es que el gato del vecino visite al suyo y se coma su comida. Aunque no podamos decir que a todos los gatos les resulte estresante, a la mayoría no le gustará esta situación, por más que no termine en una pelea: puede que simplemente se esconda durante un rato hasta que el otro gato se haya ido. Si el otro gato entra y los dos se acurrucan para dormir juntos, se diría que les gusta, ¡pero sospecho que es bastante raro que suceda esto! Si alguien entrara en nuestra casa y se comiera nuestra comida, incluso amenazándonos mientras lo hace, seguro que nos molestaría mucho y nos angustiaría que pudiera volver a ocurrir. Si la puerta no está cerrada con llave y sabemos que podrían volver en cualquier momento, nos preocuparíamos, y esa preocupación es casi peor que la realidad, que puede no ser físicamente dañina, pero destroza la sensación de seguridad y protección, por lo que sería imposible sentirse relajados. Nuestros gatos, ¿qué necesitan que hagamos para mejorar su sensación de seguridad? Para evitar que entren otros gatos, podemos poner una gatera de las que solo se abren al detectar el microchip del nuestro; si pensamos traer otro gato a casa, podemos estar muy atentos para asegurarnos de que los dos se adaptan bien, y también podemos reconocer la importancia de la familiaridad olfativa dentro del hogar.

El gato está tan familiarizado con la disposición olfativa de su hogar como nosotros lo estamos con el aspecto de nuestras casas. Igual que nosotros sabemos si alguien ha cambiado las cosas de sitio, un gato sabe si ha entrado otro en su territorio. Es importante que seamos conscientes de que cambiar los muebles o la alfombra puede alterar el aspecto y el perfil olfativo de la casa, por lo que estos cambios podrían alterar la percepción de seguridad que nuestro gato tiene de su propio hogar. Por eso, cuando tengamos que hacer reformas o pongamos muebles o alfombras nuevas, es importante saber cómo reaccionará. Los gatos seguros de sí mismos se adaptarán fácilmente y es posible que no notemos nada, ya que se han tomado esas modificaciones con calma, pero a los gatos más nerviosos podría llevarles más tiempo recuperar la tranquilidad con las nuevas sensaciones que les transmite su hogar. Un gato que viva siempre en el interior es mucho más propenso a verse afectado por los cambios, porque su vida es más constante que la de un gato que entra y sale, que está acostumbrado a enfrentarse a retos y cambios en el exterior y a tomar decisiones constantemente sobre qué hacer. Pero para un gato que vive dentro de casa, hasta las pequeñas alteraciones —personas, otros gatos, bebés, rutinas, cambios de muebles— pueden parecer enormes.

La necesidad de encontrar lugares seguros en los que descansar variará considerablemente en función del nivel de actividad y el número de personas y otros animales que puedan habitar la misma zona. Si hay niños pequeños, perros u otros gatos que puedan complicarle la vida, es probable que busque un lugar alto como refugio; y aunque haya otros gatos que puedan subir también, desde arriba al menos podrá notar que se acerca una amenaza y contará con un lugar desde el que defenderse. Si tenéis un gato nervioso, seguramente os habréis dado cuenta de que se refugia con mucha frecuencia en zonas altas: lo alto de un armario suele ser uno de sus lugares preferidos. También puede esconderse debajo de algo para poder observar con seguridad desde allí.

En el caso de los gatos intermedios de los que cuidamos (véase el capítulo 2), los dueños pueden tener una relación más distante y proporcionarles cobijo en el exterior en cobertizos, o ponerles cajas o refugios que sean cálidos y seguros, dándoles un espacio a la vez que se les proporciona comodidad, comida y cobijo (hablaremos sobre ello en el capítulo 8).

Protección

Cualquier amante de los gatos diría que sí a la pregunta: «¿Quieres que tu gato esté seguro?». Sin embargo, con animales como los gatos, que tradicionalmente han entrado y salido de nuestras casas a su antojo, alcanzar la seguridad total puede ser una cuestión complicada. ¿Deberíamos eliminar todos los riesgos y considerar la seguridad como la prioridad absoluta al pensar en el bienestar de nuestros gatos? Muchos dirán que sí, mientras que otros no estarán de acuerdo. Los dueños que valoran mucho la independencia de sus gatos tienen que equilibrar el riesgo que supone dejarlos salir con el valor que conceden al hecho de que sus animales puedan elegir libremente su estilo de vida.

Para algunas personas es inaceptable hasta el más mínimo riesgo para la seguridad de su gato, por lo que este deberá permanecer dentro de casa todo el tiempo. Así se eliminarán algunos peligros, pero no todos. Un gato que vive en casa no puede pelearse con otro que tenga una enfermedad infecciosa, pero vivir en confinamiento puede plantear amenazas de otro tipo, ya que puede llevarlo a investigar más atentamente algunas cosas que de otro modo no le interesarían. Por ejemplo, podría masticar plantas de interior que le resulten dañinas, porque son las únicas a las que tiene acceso y necesita algo de vegetación, o por pura curiosidad, cuando ni siquiera las tocaría si tuviera acceso al exterior, donde masticaría hierba u otras plantas, quizá como purga o por otras razones que desconocemos.

Existen distintos riesgos: los que hay en nuestras casas, que podemos controlar en cierta medida, y los que hay en el exterior, sobre los que tenemos menos control. Como sabemos que los gatos son curiosos, sobre todo cuando son jóvenes e inexpertos, debemos pensar en los riesgos que puedan correr dentro del hogar. Veamos algunos ejemplos. Pueden meterse en espacios pequeños o subirse a sitios muy altos de los que luego no saben salir; y si el espacio es cálido, como una secadora o una lavadora, será aún más tentador. La curiosidad de los gatitos los llevará a subirse a la placa de la cocina, que podría estar caliente, o a meterse en la nevera si la puerta está abierta; a meterse en armarios donde se guardan lejías y productos de limpieza; a jugar con agujas e hilos de costura, o a masticar cables. Los gatos y gatitos de interior pueden encontrar macetas o flores de plantas como los lirios, que son venenosas para ellos. Cuando viven en pisos altos, pueden salir a los balcones o encontrar ventanas abiertas y caerse si se distraen con los pájaros.

SEGURIDAD Y PROTECCIÓN FRENTE A «CAPACIDAD DE ELECCIÓN»

Por lo tanto, los dueños tendrán que estar atentos y ver también los peligros que pueda haber dentro de casa. Y todo ello sin olvidar que los gatos de interior pueden sufrir otro tipo de riesgos, como los asociados al bienestar mental, que puede que nos parezcan menos importantes que los físicos, pero hay que pensar en el bienestar del gato, y no solo en su seguridad. Entre los peligros del exterior, cabe mencionar los que proceden de otros gatos, perros, personas o accidentes por estar en el lugar equivocado en el momento equivocado, así como el riesgo de envenenamiento, enfermedades o parásitos. Entre los peligros del interior, se encuentran los problemas que pueden causar el aburrimiento, la frustración o el miedo a los cambios; el sobrepeso por falta de ejercicio o por depender demasiado de sus dueños; los accidentes domésticos, y, por supuesto, que puedan escaparse de casa sin saber afrontar los peligros de la calle. Esto último nos recuerda la importancia del microchip en caso de que salgan accidentalmente y no sepan desenvolverse fuera.

Para algunos gatos, estar en los alrededores de la casa puede comportar un alto riesgo de lesiones, debido a la cercanía de una carretera o a la presencia de otros animales; y hay gatos que no pueden salir de casa porque viven en pisos altos. Independientemente de cuáles sean los riesgos, puede que los gatos no acepten bien las limitaciones que les imponemos. Sería injusto coger a un gato que siempre ha podido salir y encerrarlo en casa, por lo que es mejor empezar con un gatito que se quede en casa hasta que, una vez vacunado y esterilizado, pueda salir al exterior. Pero, dependiendo del gato, esta situación también podría resultar frustrante.

Hay gente que pone vallas o cercas alrededor del jardín o limitando una parte: así los gatos pueden tener libre acceso a algunas de las cosas del exterior que les permiten expresar sus comportamientos naturales. Es una buena solución.

Comida y bebida

Nuestros gatos domésticos no suelen pasar hambre ni sed, pero pueden ser bastante obstinados con lo que les gusta. Sabemos que los gatos tienen necesidades nutricionales especiales y que no pueden ser ni vegetarianos ni veganos. Han mantenido sus habilidades de caza, por lo que, si salen de casa, pueden complementar la dieta que les proporciona su dueño si lo necesitan o desean. Sus sentidos están desarrollados para discernir sobre su dieta cárnica (por ejemplo, se cree que no son capaces de apreciar lo que conocemos como «dulces», ya que su alimentación natural no los incluye). Quizá las combinaciones de aminoácidos, los componentes básicos de las proteínas, les producen sensaciones diferentes cuando comen presas distintas. Si pueden elegir, escogerán alimentos con un alto contenido en carne y grasa, un olor fuerte, una mezcla de texturas blandas y crujientes, y preferirán comerlos a la temperatura corporal. En función del sabor y el olor, un gato encontrará apetecible determinado alimento y decidirá qué cantidad quiere comer. No les gusta particularmente la comida fría de la nevera, y puede que prefieran una dieta variada, a menos que se sientan estresados, pues si lo están es posible que quieran comida que conocen y reconocen (algo así como cuando tomamos sopa de tomate y tostadas cuando no nos sentimos bien).

Y como nos sucede a nosotros, también puede que les atraigan alimentos que no son especialmente buenos para ellos o que no les sientan bien. Tradicionalmente, a los gatos se les da leche, pero una vez superada la etapa de cachorro puede que ya no produzcan suficientes enzimas para digerirla, por lo que beberla les revuelve el estómago y les provoca diarrea. También hay que recordar que a los gatos se les da bien pedirnos comida y que si les damos demasiada o del tipo equivocado, puede provocarles obesidad o enfermedades. De ahí que no siempre debamos ceder a sus deseos. Pero lo que sí debemos hacer es estar atentos a cualquier aspecto de sus vidas que los lleve a comer más o menos de lo que deberían. Ahora contamos con alimentos que les resultan muy apetitosos, pero que favorecen la ingesta de demasiadas calorías; y un gato también podría comer solo por aburrimiento o estrés. ¿Les damos demasiada comida como excusa para interactuar con ellos porque nos encanta la atención que recibimos cuando los alimentamos? Y si están perdiendo peso, ¿están enfermos o hay algo que les impide comer?

Muchas personas tienen más de un gato, cada uno con sus propias preferencias: algunos pueden ser quisquillosos y aceptar solo un sabor o una marca de comida en particular; otros comen cualquier cosa, en cualquier momento, y les encantan los alimentos que no están en el repertorio normal de los gatos, como las verduras o las patatas fritas. Lo que a un gato le gusta o no está determinado por sus experiencias y con qué asocia esos alimentos. A algunos les encanta un alimento en concreto que tal vez no sea el mejor para satisfacer sus necesidades nutricionales, y puede ser muy difícil cambiarlo. La teoría es que si se quiere modificar su dieta, lo mejor es ir introduciendo el nuevo alimento poco a poco, mezclado con el anterior, hasta que consigamos cambiarlo por completo. Conseguir que los gatos se sientan a gusto comiendo tanto comida húmeda como seca puede ayudar si más adelante surgen problemas con la dieta. También debemos recordar que es importante dónde les ponemos la comida, como vimos en el capítulo 2.

Estar sano, sin dolores ni lesiones

La buena salud es una bendición para los gatos, como para las personas, y requiere una combinación de prevención de enfermedades, detección precoz, tratamiento de problemas, minimización del riesgo de lesiones y ¡tener buena suerte con los genes! Entonces, ¿qué podemos hacer? Pensar en lo que necesitarán nuestros gatos a largo plazo y planificar con antelación nos ayudará a mantenerlos en las mejores condiciones. Si llevamos a cabo una atención sanitaria preventiva rutinaria en todas las etapas, desde que es gatito hasta adulto mayor (véase el capítulo 2), nos aseguramos de que nuestro gato se mantiene lo más sano posible. Así podemos prevenir la aparición de problemas o maximizar las posibilidades de detección precoz de alguna enfermedad.

Un buen comienzo para la salud y el bienestar. No hay que subestimar la socialización temprana. Elegir un gatito sano y bien socializado es una buena base para una vida sana. Cuando hablamos de un gato «sano», nos referimos a su salud física y mental. Como vimos en el capítulo 2, las primeras semanas de vida son muy importantes si queremos preparar bien a los gatos para que sean animales de compañía y vivan felices con las personas. Por eso es tan importante averiguar cómo se ha criado a un gatito antes de adoptarlo. Muchas organizaciones benéficas del Reino Unido han trabajado juntas para elaborar una guía muy útil, *The Cat Group*, y una lista que se denomina The Kitten Checklist, que se encuentra a disposición del público en internet. En ella se explica qué hay que averiguar antes de ir a ver a un gatito, y qué hay que preguntar y observar cuando se está allí. La lista abarca aspectos como la salud física y cómo determinar si el gatito ha tenido una buena socialización en sus primeras semanas, lo que hará que esté relajado y feliz con su nuevo dueño.

Vacunación. International Cat Care se creó en 1958 porque no había tratamientos para las enfermedades de los gatos. Se sabía que había enfermedades que se contagiaban entre gatos, pero no había vacunas. Al igual que muchas personas —especialmente niños pequeños y personas mayores—, morían a causa de una gran variedad de enfermedades en los primeros tiempos de la medicina. Antes de que se desarrollaran las vacunas, las enfermedades infecciosas se cobraban un gran número de víctimas entre los gatos y sus cachorros. Hoy en día apenas nos preocupamos por estas enfermedades, porque están bien controladas, pero la pandemia de COVID nos ha recordado que somos vulnerables si no estamos protegidos y que nunca debemos dar por sentada esa protección. Por lo tanto, vacunar a los gatitos contra la gripe felina y la enteritis infecciosa es vital, y lo es aunque no salgan al exterior, ya que nosotros mismos podemos llevar estas enfermedades a casa a través de las manos, los zapatos o la ropa, y pueden ser graves si el gato no está protegido.

Las vacunas que protegen contra estas enfermedades se conocen en el mundo veterinario como *vacunas esenciales*, mientras que otras solo se administran si existe un riesgo real de exposición a la infección y si la vacunación proporciona una buena protección ante la enfermedad en cuestión. Las decisiones relativas a la necesidad o no de poner las vacunas no esenciales se basarán en la edad del gato, su estilo de vida y el contacto que mantenga con otros gatos. Siempre debemos consultar con el veterinario qué vacunas puede necesitar nuestro gato. En algunos países, la vacunación contra la rabia es obligatoria y existen muy buenas razones para ello, por motivos de seguridad para las personas y los gatos. Las dosis de refuerzo a lo largo de la vida del gato garantizarán que estas enfermedades no sean mortales.*

Tratamiento contra pulgas y lombrices. Un tratamiento regular contra las lombrices y las pulgas nos ayudará a mantener a nuestro gato en perfectas condiciones. Actualmente, tenemos cada vez más productos fáciles de administrar, ya sea porque les gusta su sabor o se pueden mezclar con la comida, ya sea porque se los podemos poner de otra forma (como los productos que se ponen en la piel de la parte de atrás del cuello, como las pipetas), que ayudan a mantener a nuestros gatos sin parásitos. Los que salen al exterior y cazan necesitarán un tratamiento especial, ya que son más propensos a contraer parásitos de las presas que comen.

Una buena dieta. Sabemos que los gatos no pueden ser vegetarianos ni veganos, puesto que necesitan una dieta con componentes cárnicos para estar sanos. Por suerte, muchos fabricantes de alimentos para mascotas proporcionan dietas con

* En España, la situación depende de cada comunidad autónoma. Las vacunas más habituales son las de la leucemia, la panleucopenia, la rinotraqueitis y la calicivirosis. En algunas comunidades autónomas es obligatoria la de la rabia (por ejemplo, en Cataluña o Andalucía, donde se debe proporcionar a gatos, perros y hurones), mientras que en otras, como Madrid, la antirrábica tiene la consideración de voluntaria, pero recomendable. *(N. de la e.).*

las que podemos mantener bien a nuestros gatos. Tratar de alimentarlos con una dieta casera equilibrada es muy difícil, por lo que a menudo provoca deficiencias, así que probablemente sea más fácil confiar en la investigación que han realizado los fabricantes de alimentos para mascotas para proporcionarles una dieta equilibrada.

Esterilización. Los gatos tienen mucha facilidad para la cría, pero ello conlleva ciertos comportamientos y riesgos adicionales para la salud. La esterilización los elimina y hace mucho más fácil la convivencia con nuestros gatos de compañía, además de ahorrarnos la responsabilidad de encontrar buenos hogares para los gatitos. Los dueños pueden poner a los gatos en una situación que aumente la probabilidad de lesiones causadas por conflictos, al mantener juntos a individuos que no se llevan bien o dejar a gatos que no están esterilizados en una zona donde haya otros, lo que aumenta el riesgo de peleas, que son casi inevitables en las disputas territoriales alimentadas por las hormonas. Los machos esterilizados permanecen más cerca de casa y son mucho menos propensos a entrar en conflicto o a tener accidentes.

Vigilancia. Los seres humanos estamos acostumbrados a pasar revisiones médicas en las distintas etapas de nuestra vida, desde las visitas del niño sano al pediatra hasta las revisiones de la mediana edad, pasando por diversas pruebas. Lo mismo ocurre con los gatos. En el capítulo 2 vimos las diferentes etapas de la vida de los gatos, y para cuidarlos lo mejor posible es necesario que les hagamos revisiones durante estas etapas, al igual que hacemos nosotros. Es nuestra responsabilidad cuidar de ellos, tanto en lo que respecta a la prevención de enfermedades como a su detección o a la presencia de dolor, y actuar en consecuencia para poder ayudarlos.

Señales de enfermedad. Aunque los vacunemos y desparasitemos con regularidad, los gatos, como nosotros, pueden contraer enfermedades. Pero en los gatos, los síntomas pueden ser sutiles e imprecisos. Resulta evidente cuando vomitan o tienen diarrea, pero en la mayoría de los casos solo los encontraremos un poco callados, somnolientos, apagados, faltos de energía o apáticos, y puede que no coman como lo hacen normalmente y que intenten esconderse.

También pueden perder peso, por lo que es útil saber lo que pesa nuestro gato cuando está bien. Conocer el peso óptimo del gato (lo podemos consultar con su veterinario) nos ayudará a saber si está perdiendo o ganando peso. Además, hay que considerar la pérdida de peso en relación con el tamaño del gato. Dado que un gato no pesa mucho, el hecho de que pierda varios cientos de gramos puede significar un alto porcentaje de su peso corporal y ser significativo, por lo que debemos considerar el peso en términos felinos.

Otras señales visibles pueden ser la secreción de los ojos, los oídos o la nariz, un pelaje sucio o «áspero» (en vez de tener un manto liso y brillante, los pelos están levantados, separados y sin brillo), picores o parásitos, encías pálidas o amarillas, mal aliento o sangre en las heces o la orina. Entre los cambios de comportamiento podemos notar que comen menos, beben más o no quieren moverse o saltar. El que un gato orine más o menos, o parezca estar estreñido o tener sangre en las heces o la orina son señales que posiblemente no pueda notar el dueño de un gato que utiliza el exterior como zona de aseo, a menos que orine dentro de casa. Esto suele ocurrir si el gato sufre el equivalente de una cistitis humana, cuando puede intentar orinar pequeños volúmenes dentro de casa en muchos lugares diferentes. Cualquiera que haya sufrido una cistitis entenderá la necesidad constante de intentar orinar, porque el tracto urinario y la vejiga están inflamados.

Un gato que está enfermo también puede tener una postura encorvada y estar callado. A veces nos da la sensación de que algo no va bien, y lo cierto es que deberíamos confiar en esas sensaciones e intentar averiguar qué está pasando. En ese momento es cuando cobra importancia conocer bien los comportamientos normales de nuestro gato, para captar señales que podrían ser bastante sutiles, pero que nos ayudarán a detectar un problema sin tener que esperar una señal grande y evidente.

Señales de dolor. Los gatos sienten el dolor del mismo modo en que lo sentimos nosotros, pero puede que no actúen igual, ¡lo que a veces los convierte en sus peores enemigos! Al ser animales que no cooperan para cazar ni se ayudan mutuamente si se debilitan, y ser además animales pequeños que otros pueden cazar, mostrar signos de dolor, lejos de atraer el apoyo de los demás, los hará parecer débiles y más susceptibles de convertirse en presas. Los investigadores han estudiado recientemente las caras y el lenguaje corporal de los gatos para sacar a la luz ciertos cambios sutiles, pero que una vez detectados pueden proporcionar información a los dueños sobre la salud y los sentimientos de sus gatos. No os sorprenderá saber que las señales de dolor son similares a las de enfermedad: el gato se acicala menos o centra su atención en una zona determinada, que puede ser de donde procede el dolor, o hacerlo solo para calmarse con el acicalamiento (un gato con dolor también puede ronronear); también puede ser sensible al tacto en esa zona, alejarse de su dueño o reaccionar con maullidos, silbidos o gruñidos, o incluso maullar de una forma distinta a su alegre maullido habitual.

Puede darse menos paseos por la casa y estar menos activo,

más callado y parecer retraído; esconderse y no querer jugar ni comer, o solo comer ciertas cosas; orinar o defecar dentro de casa o fuera del arenero; caminar de forma extraña o ser reacio a moverse, saltar o subir escaleras. De hecho, puede que lo único que notemos es que el gato no está haciendo lo que suele hacer, y que eso sea una señal suficiente para saber que algo no va bien. También puede pasar que un gato que normalmente es amistoso ya no quiera interactuar, rehúse las caricias y evite a la gente, o que parezca tenso. Los científicos han estudiado las expresiones faciales de los gatos que sufren dolor y han encontrado una serie de indicadores, como ojos entrecerrados, orejas echadas más hacia atrás, hocico tenso o bigotes que sobresalen rectos a los lados de la cara, en lugar de estar sueltos y curvados. Si buscáis en Google «escala de muecas felinas», encontraréis algunas de estas expresiones faciales para aprender a reconocerlas.

Visitas veterinarias con el mínimo estrés o miedo. A nadie le gusta pensar que su gato está asustado o estresado. En los capítulos anteriores hemos visto qué podemos hacer para intentar que nuestros gatos se sientan seguros y más confiados en nuestros hogares. Otro aspecto que ha de considerar cualquier persona que tenga un animal de compañía es la necesidad de mantenerlo sano llevándolo al veterinario. Sabemos que hay mucha gente a la que no le gusta hacerlo, porque le resulta difícil meterlo en el transportín y sabe que a los gatos no les gustan los coches y además se asustan al entrar en una clínica veterinaria, porque hay perros en la sala de espera.

International Cat Care ha sido pionera en este ámbito y ha desarrollado un programa llamado Cat-Friendly Clinic (Cat-Friendly Practice en Estados Unidos), que se basa en la comprensión de las dificultades específicas que entraña llevar un gato a una clínica veterinaria.* El objetivo del programa es ofrecer un alto nivel de atención a los gatos, comprendiendo sus necesidades. Esto incluye un espacio de espera en el que no haya perros, acercarse y tratar a los gatos con esmero, cuidado y respeto, crear zonas de hospitalización tranquilas y relajantes, y utilizar equipos adaptados a los mininos. En la obtención de la acreditación Cat-Friendly Clinic participa todo el personal, incluidos recepcionistas, enfermeras y veterinarios. Todas las clínicas acreditadas cuentan con un «defensor del gato» como mínimo: una persona que se asegura de que se cumplen las normas y que está a disposición de los dueños para hablar con ellos sobre sus preocupaciones. Seríamos poco realistas si no reconociéramos las dificultades que comporta llevar a los gatos al veterinario, pero irresponsables si permitimos que esas dificultades afecten a la salud de nuestro gato retrasando o evitando una consulta que es necesaria, por lo que encontrar una clínica con la acreditación Cat-Friendly, con personal amante de los gatos, puede ser una experiencia excelente para los gatos y muy gratificante para los dueños, al encontrar un lugar acogedor al que no se teme ir, con gente que adora a los gatos y se preocupa por su salud física y mental. Las buenas clínicas estarán encantadas de contaros lo que hacen.

A esto se suma cómo dar la medicación a nuestros gatos cuando la necesitan. A muchos dueños no se nos da muy bien darles pastillas, y los veterinarios son conscientes de ello. Ahora ya existen muchas formas diferentes de presentar los medicamentos para facilitar su administración, lo cual no solo garanti-

* España participa en el programa internacional Cat-Friendly Clinic. En la actualidad, hay un centenar de clínicas acreditadas por dicho programa. *(N. de la e.)*.

za que se siga el tratamiento, sino que la relación con nuestros gatos no se vea afectada por tener que pelearnos con ellos. Una encuesta realizada por International Cat Care, que introdujo el concepto de *medicamentos fáciles de administrar*, mostró que muchos dueños consideraban que la administración de fármacos afectaba a la forma en que sus gatos reaccionaban ante ellos durante el tratamiento y estaban consternados porque intentaban esconderse cuando ellos lo único que querían era darles consuelo y seguridad. Si un medicamento puede esconderse en la comida, tiene un sabor atractivo para los gatos o puede administrarse sobre la piel, puede que el gato ni lo note y se evite el estrés.

Estar con gente sin «sentirse solo»

El ser humano es un animal social. Casi todos nos sentimos mal si no contamos con la compañía de otras personas y percibimos estar solos como algo negativo. Nos sentimos solos cuando nos faltan el contacto y la relación con otras personas. Aun así, nuestras necesidades pueden ser distintas: hay personas que disfrutan viviendo solas y teniendo poco contacto con los demás, y hay otras que pueden formar parte de un grupo, pero seguir sintiéndose solas si no perciben que son valoradas o atendidas. De todos modos, como hemos visto en el caso de los gatos, la elección es importante: si somos nosotros los que elegimos la soledad, podemos ser felices, pero si ansiamos la interacción, su falta puede hacernos sentir solos. El aislamiento se considera un castigo: para las personas es un sentimiento complejo asociado a emociones negativas.

Sin embargo, no debemos asumir que para los gatos sea

igual. Puede que nos sintamos mal cuando los dejamos solos para ir a trabajar (sobre todo después del confinamiento, cuando pasamos tanto tiempo trabajando en casa) y no queramos que se sientan aislados o necesitados de compañía. Y puede que esa sensación se refuerce al ver que nuestros gatos nos están esperando en la puerta o corren hacia nosotros con la cola levantada y ronroneando cuando llegamos a casa. Por supuesto, nos sentimos halagados y suponemos que llevan todo el día suspirando por nosotros.

Echamos de menos a nuestros gatos, pero ¿y ellos a nosotros? Es difícil averiguarlo, ¡pero los investigadores lo han intentado! Una de las cosas positivas de los gatos es que parecen bastante contentos cuando los dejamos solos, a diferencia de muchos perros, que sufren ansiedad por separación. Los investigadores han estudiado el efecto que produce a los gatos separarse de sus dueños. Para hacerlo, eligieron gatos que pasaban casi todo el tiempo en casa (los que salían lo hacían con supervisión) y tenían acceso a comida seca, por lo que no estaban esperando a que les dieran de comer cuando volvieran sus dueños (o sea, que sus reacciones no estaban asociadas a que se les diera de comer cuando tenían hambre). Y comprobaron que los gatos pasaban más tiempo descansando cuando sus dueños se ausentaban durante cuatro horas que cuando solo lo hacían durante treinta minutos, lo que no parece indicar que estuvieran estresados. Sin embargo, ronroneaban y se estiraban más cuando sus dueños volvían después de cuatro horas que cuando volvían después de solo treinta minutos. Como vimos en el capítulo 1, el ronroneo puede ser una forma de buscarnos o pedirnos que les prestemos atención, por lo que ronronear más después de un largo periodo de ausencia puede indicar que están deseosos de atención, y tal vez contentos de que sus dueños estén en casa y se haya reanudado la normalidad.

Me pregunto si el ronroneo era tranquilo o del tipo exigente, del que ya hemos hablado. ¿Y los estiramientos? No lo hemos mencionado hasta ahora, pero no se cree que se utilicen como saludo, aunque también es posible que hubieran estado descansando más y necesitaran prepararse de nuevo para la acción: a los gatos se les da muy bien estirarse y hacer que sus cuerpos maravillosamente ágiles funcionen con fluidez.

Lo importante que sea una persona para un gato dependerá también de todo esto. Pero a los gatos les gusta saber lo que está ocurriendo: decimos que son «maniáticos del control» porque les gusta saber dónde están las cosas y que las puertas estén abiertas, se relajan sabiendo cuál es la rutina del día y parecen un poco inquietos si cambia. Por eso, aunque el gato sea distante y evite el contacto físico con la gente, puede que se tranquilice con la rutina, sabiendo que las personas que le proporcionan comida y cobijo están cerca. Y, por supuesto, el estilo de vida del gato también marcará una gran diferencia. Para el estudio, los investigadores trabajaron con gatos que vivían dentro de casa o que tenían un acceso restringido al exterior, de tal forma que en sus vidas influyera más la presencia o ausencia de los dueños que en el caso de los gatos que pueden salir, ¡y que pueden estar tan absortos en sus actividades al aire libre que ni siquiera noten la ausencia de sus dueños! Los gatos de interior pueden desear algo de acción durante el día y aburrirse si se quedan mucho tiempo solos, preparados para hacer algo.

En realidad, lo más probable es que el gato busque un lugar calentito cerca del radiador o en la cama y pase el tiempo durmiendo felizmente, moviéndose de vez en cuando para seguir el sol o el calor, comiendo algo y utilizando de vez en cuando el arenero o saliendo fuera para patrullar o cazar un poco. Si no le dejamos comida y tiene que esperar a que le demos de comer, es posible que reaccione con gran entusiasmo cuando volvamos y nos siga hasta que le llevemos la comida.

Muchos gatos disfrutan con la atención de las personas. Casi todos tienen mucha capacidad para adaptarse y pueden vivir muy a gusto con nosotros, en una relación tan estrecha como deseen ambas partes. Cuando los gatos quieren atención, la buscan, y a menudo la piden frotándose contra nosotros, maullando o haciendo sonidos alegres, corriendo hacia nosotros con la cola erguida o simplemente sentándose en nuestro regazo y ronroneando ruidosamente. El modo en que se desarrolle la interacción dependerá de lo gratificante que resulte para la persona y para el gato. Hay gatos que tienen una gran necesidad de atención y nos buscan mucho: suele ocurrir con algunos gatos de raza, como los siameses o los birmanos, que han sido bien socializados cuando eran crías. Otros solo necesitan atención e interacción cuando, donde y durante el tiempo que ellos decidan.

El ritmo natural de los gatos durante las horas diurnas es bastante flexible, mientras que suelen ser muy activos al amanecer y al anochecer: de ahí que quieran ponernos a funcionar desde muy temprano. La forma en que reaccionemos nosotros a cualquier hora hará que aprendamos el uno del otro e influirá en cómo se comportará el gato en el futuro. No es que tengamos que levantarnos al rayar el alba, sino entender sus motivos y ofrecer reacciones sencillas o ignorar con coherencia algunas de sus llamadas mientras acogemos otras.

Estar con otros gatos

Por los conocimientos que tenemos sobre la evolución de los gatos, desde los monteses hasta los domésticos, sabemos que estos últimos no son tan solitarios como sus ancestros y pueden crear vínculos tanto con otros gatos como con nosotros; esto es lo que a veces se denomina *flexibilidad social*. Una de las «cinco libertades» del bienestar animal es respetar la necesidad de estar lejos de la misma especie o de otras, o con ellas. Cuando se escribe sobre los gatos en general y se intenta precisar lo que quieren, la amplia gama de caracteres individuales siempre dificulta llegar a afirmaciones generales. No es fácil saber si los gatos desean la compañía de otros gatos. Sabemos que no necesitan formar parte de una manada o de un grupo del mismo modo que los perros y las personas, y que muchos de sus instintos naturales consisten en alejar a otros gatos basándose en la necesidad de proteger el territorio. Aunque se hayan mostrado amistosos con un gato, eso no significa que vayan a aceptar a otros. Pensad en cómo tenemos a los gatos y en que muchas veces tenemos varios (yo incluida) y esperamos que compartan el territorio. Lo importante es saber lo que puede tolerar el gato, si nuestras circunstancias les permiten contar con espacio, etcétera. En definitiva, saber lo que nuestro gato necesita. La dificultad estriba en que muchas veces no podremos saberlo con seguridad hasta que no tengamos al otro gato.

A los gatos que entran en nuestras casas y jardines no les suele costar encontrar algo de espacio para ellos (aunque en las zonas donde hay muchos, pueden entrar en los jardines de las casas ajenas e invadir el espacio de los demás). Algunos gatos de interior pueden sentirse frustrados o tener conflictos con otros gatos de los que no pueden escapar, y esto puede dar lugar a lo que los dueños suelen denominar *comportamientos problemáticos*, cuando el hecho es que los gatos están actuando de forma natural para intentar hacer frente a la situación. Estos comportamientos pueden ir desde orinar fuera del arenero hasta estar a la defensiva (lo que a menudo se considera agresivo) y no relajarse nunca, sufriendo un estrés prolongado que también puede afectar a su salud.

Poder comportarse de un modo natural

Hablamos de comportamiento natural, pero ¿comprendemos realmente el impulso que lleva a los animales a hacer ciertas cosas? Yo creo que no. Pensamos que son «naturales», pero no llegamos a entender realmente cuál es la motivación que los empuja a actuar de cierto modo ni la difícil situación en que los ponemos si no pueden hacer cosas que para ellos representan verdaderas necesidades: que les proporcionemos comida no significa que eliminemos la necesidad de cazar; que un gato no cace no significa que no sienta una fuerte necesidad de mantener las garras afiladas; que no tenga pelaje o que el dueño lo acicale no significa que no necesite hacerlo por sí mismo. Entonces, ¿cuáles son los comportamientos que podríamos considerar «naturales» para el gato? Entre otros, acicalarse, hacer sus necesidades, afilarse las uñas, cazar, ser territorial si es necesario, dormir y ser sociable si lo desea.

Acicalarse

Uno de los comportamientos ligados a los gatos es el acicalamiento. Lo damos por sentado y nos beneficiamos del hecho de vivir con una mascota limpia y que no huele mal. También sabemos que la conducta de acicalamiento es importante para un gato sano y que su falta puede ser un indicio de que está deprimido o enfermo. Merece la pena que nos paremos a analizar cómo se acicalan los gatos y por qué lo hacen, y entender sus diferentes funciones. En el acicalamiento intervienen la lengua (en la que tienen unas espinas orientadas hacia atrás que utilizan para comer, pero también para cepillarse) y los dientes, con los que se arrancan los enredos. Muchas veces vemos a los gatos usando los dientes para limpiarse entre los dedos y morder trozos de uña que están desgastados o cayéndose.

Acicalarse para limpiarse

Los gatos tienen buenos motivos para acicalarse. Al hacerlo mantienen limpio el pelaje para que no tenga un olor fuerte que delataría su presencia cuando cazan, pero tampoco se nos puede olvidar que en el manto tienen pelos muy sensibles que al moverse les proporcionan información sobre todo lo que los rodea. Se trata de un bien valioso y sensible: si los pelos están tirantes o pegados, la información puede faltar o ser falsa. Con el acicalamiento también esparcen la grasa de las glándulas de la piel a lo largo del pelaje, lo que mantiene el manto sano y lo hace impermeable; mojarse y luego enfriarse no es un buen mecanismo de supervivencia. Mediante el acicalamiento, el gato esparce su olor por el pelaje: al hacerlo desde la cola hacia abajo difunde el olor de las glándulas anales, que son importantes en la comunicación olfativa. Cuando hace calor, los gatos no jadean como los perros, pero la saliva que depositan en el pelo y la piel se evapora, y esto los refresca.

Las gatas acicalan a sus gatitos desde que nacen, y no solo para mantenerles el pelaje y la piel limpios, sino también para estimularlos a orinar y defecar hasta que sean lo suficientemente mayores como para poder alejarse del nido y hacerlo por sí mismos; de esta forma también se mantiene limpio el nido.

Los gatitos aprenden a acicalarse, al principio con bastante torpeza (si no se les cuida bien cuando son cachorros, puede que no sepan acicalarse bien de mayores), a partir de la segunda semana de vida, cuando intentan limpiarse las patas delanteras, y luego progresan hacia el resto del cuerpo. Cuando alcanzan la madurez, los gatos pueden pasar hasta la mitad de su tiempo de vigilia acicalándose, manteniendo el pelaje sin apelmazar, eliminando el pelo viejo y la caspa, y quitándose las pulgas y los parásitos, si no tienen la suerte de tener un dueño que se encargue de hacerlo.

Primero se cubren bien de saliva la pata delantera lamiéndola varias veces; luego pasan al cuello y la parte posterior de la cabeza y las orejas y, por último, a la cara. Para hacerlo con suavidad, realizan movimientos circulares, normalmente agachando la cabeza y el cuello, y después vuelven a lamerse la pata para reponer la saliva. Resulta sorprendente la eficacia de esta técnica para mantener limpia la cabeza, pero sin duda funciona. A continuación, se lamen las patas delanteras, las traseras y la cola. Suelen acicalarse de forma simétrica y sistemática, a menos que haya algo urgente que quitar porque les esté ensuciando el pelaje. El acicalamiento es más frecuente después de dormir o descansar y después de comer, cuando el gato se lame la zona de la boca. Para llegar a todas las partes del cuerpo, puede adoptar algunas posturas muy inusuales, para lo que necesitará conservar la flexibilidad hasta una edad muy avanzada. De hecho, nuestros gatos adultos mayores pueden empezar a dar signos de envejecimiento por tener un pelaje que empieza a parecer descuidado.

La necesidad de acicalarse quedó clara en una investigación que demostró que si los gatos pasan tres días sin poder hacerlo, aumentarán el acicalamiento en casi un 70 % en las doce horas siguientes. Esto es algo que debemos tener en cuenta cuando les ponemos collares de plástico para evitar que se hagan heridas: el deseo de acicalarse es muy fuerte, por lo que llevar un collar durante largos periodos de tiempo tiene que ser bastante estresante para ellos. Por eso puede ser bueno usar collares más pequeños y flexibles y dejarle al gato unos momentos de descanso en los que se le pueda quitar el collar para que se acicale (teniendo cuidado de que no se dañe las heridas), lo que a su vez ayudará en el proceso de curación al reducir el estrés.

Los gatos pasan una gran parte del tiempo acicalándose, y el instinto de limpiarse el manto y las patas incluso parece anular el sentido normal, por el que los gatos evitarían materiales venenosos que normalmente no comerían ni beberían. Por eso, desgraciadamente, el acicalamiento los puede llevar a lamer e ingerir algo que sea venenoso o corrosivo, que les pueda dañar los tejidos de la boca y el sistema digestivo. Podría ocurrir, por ejemplo, si el gato roza una valla recién pintada y luego, al acicalarse, chupa sustancias tóxicas como la creosota, o si se limpia las patas después de haber caminado sobre algo venenoso, como anticongelante o insecticida que contenga permetrina. La sensibilidad de los gatos al envenenamiento es algo que los dueños deben tener en cuenta. Por ejemplo, a menudo se producen oleadas de envenenamientos en primavera cuando se friegan los patios con productos que contienen cloruro de benzalconio sin aclararlo adecuadamente. Si los gatos pasan por el patio antes de que se seque o cuando llueve, y se moja sin que el producto se haya aclarado bien, se les quedará en las patas y enfermarán al limpiarse. Hay quienes han sugerido que los gatos podrían ser útiles para estimar el grado de contaminación de un entorno porque se limpian de las patas y del pelaje los contaminantes ambientales; tendría sentido en el caso de gatos callejeros que viven en zonas en desuso o abandonadas, ya que pueden ingerir polvo que contiene diferentes sustancias que podrían medirse en muestras de pelo.

Acicalarse para comunicarse

Cuando dos gatos están contentos de estar juntos, a menudo se lamen, se acicalan o se frotan el uno con el otro. Cuando se lamen lo llamamos *allogrooming* (acicalado social), y normalmente lo hacen alrededor de la cabeza y el cuello, que son los sitios a los que más les cuesta llegar; cuando frotan la cabeza sobre la cabeza o el cuerpo de otro gato lo llamamos *allorubbing* (frotado mutuo), y se cree que lo hacen para compartir e intercambiar olores corporales y formar un olor de grupo.

Aunque los gatos solo se acicalan entre sí si se llevan bien, parece que suelen ser los gatos más dominantes o de mayor rango los que acicalan a los gatos de menor rango, igual que una gata acicala a sus gatitos. Los conductistas son reacios a utilizar las expresiones *dominante* o *de mayor rango* cuando se refieren a los gatos, porque no tienen una jerarquía social estructurada como los perros. Sin embargo, si tenéis varios gatos, es posible que os parezca que uno de ellos es menos propenso a ceder que los demás o que está más seguro de lo que quiere y de conseguirlo, o incluso puede que intimide a los demás para lograr sus planes: este es el que se encarga del acicalamiento. Como el gato acicalado aparenta disfrutar mucho, parece una forma extraña de actuar, pero quizá sea un signo de aceptación entre gatos.

¿Acicalarse por otros motivos?

Si los gatos hacen algo torpe, como resbalarse del respaldo del sofá, o si se asustan o se sienten confundidos momentáneamente, suelen pararse y acicalarse para recomponerse, como si así vencieran la vergüenza (¡eso decimos los humanos!). También puede aliviar la tensión tras un altercado con otro gato. Puede parecer que detenerse a acicalarse en mitad de un conflicto o en un momento de tensión está fuera de lugar, pero se cree que es una actividad con la que el gato desconecta y se calma. A veces, los gatos llevan el acicalamiento demasiado lejos cuando se sienten estresados e incapaces de encontrar formas de afrontar una situación, lo que puede provocar que se arranquen el pelo, creando calvas en el manto.

Si el acicalamiento es tan vital para los gatos, deberíamos ser más conscientes de sus usos y de lo que conlleva interferir en él, lo que plantea la cuestión de por qué estamos criando gatos de raza con poco pelo o completamente calvos. ¿Cómo afecta a la piel que se lama con una lengua rasposa si no hay pelo que la proteja? ¿Qué ocurre con la grasa que producen las glándulas de la piel para que se extienda sobre el pelo e impermeabilizarlo? ¿Qué hacen los gatos sin pelo para calmarse? ¿Cómo mantienen la temperatura corporal? ¿Es de suponer que viven totalmente encerrados en casas cálidas o que sus dueños tienen una excusa para ponerles ropa? La falta de pelo implica asimismo la falta de bigotes o —a menudo— la presencia de bigotes deformados. ¿Se trata de la pérdida de uno de los principales órganos sensoriales del gato?

En el otro extremo, ¿por qué criamos gatos con pelajes tan

largos y con tanto subpelo que no pueden cuidárselo ellos solos? Hay razas con un manto tan largo, como los persas, que hacen muy difícil el acicalamiento, y la capa de subpelo es tan espesa que el gato no puede cuidarla. ¿Este tipo de pelaje también se enreda con más facilidad? ¿Pasan demasiado calor durante los meses más cálidos del año? Los gatos han desarrollado pelajes más largos cuando viven en climas fríos, pero aun así tienen que ser capaces de ser autosuficientes y poder mantenerlos limpios y secos. Si el subpelo está enmarañado, es poco probable que sea impermeable; de hecho, absorberá la humedad y se contraerá como la lana mojada, tirando de la piel. Un pelo enmarañado que tire de la piel probablemente cause irritación, así que debe de ser una tortura. Hay quienes piensan que, como los dueños se encargan de cuidarles el pelaje, no pasa nada. Pero ¿cuántas veces se llega a un punto en el que tratar de acicalar al gato se convierte en una gran amenaza para la relación, cuando el gato no hace más que intentar escapar y el dueño se desespera intentando cepillarlo? Hay muchas personas que no tienen el tiempo, la paciencia o los conocimientos necesarios para acicalar a sus gatos de una forma positiva y sin causarles dolor, por lo que el acicalamiento puede convertirse en un campo de batalla que hace que disminuya la alegría de vivir con el gato. Y muchos terminan cortándoles el pelo en una clínica veterinaria. Menuda vergüenza para el gato independiente terminar afeitado (y probablemente sedado por seguridad). Un pelaje enmarañado o afeitado elimina todos los beneficios del manto de los que hemos hablado. ¿Deberíamos criar gatos que no pueden cuidar de sí mismos?

Tener un lugar donde hacer sus necesidades

Sabemos que los gatos son muy exigentes con sus hábitos de higiene, y es parte de lo que los convierte en grandes mascotas. Las gatas enseñan muy pronto a sus gatitos a orinar y defecar lejos del nido o en un arenero en casa; los gatitos observan y aprenden, y lo de cavar y tapar es instintivo. Así pues, los gatos quieren lugares donde puedan cavar un agujero y taparlo, un lugar seguro y accesible. Y la ubicación del arenero es importante (véase el capítulo 2). Cuando los gatos empiezan a orinar en lugares de la casa donde no queremos que lo hagan, tiene que haber una razón: ¿limpiamos el arenero con suficiente frecuencia? ¿Está en un lugar donde les preocupa utilizarlo? ¿Hemos cambiado el tipo de arena y la nueva no les gusta? ¿Están enfermos o se sienten amenazados o ansiosos por algo? No lo hacen porque sean rencorosos, sucios o traviesos, y nos corresponde a nosotros averiguar el motivo.

Afilarse las uñas

Nuestros felinos se afilan mucho las uñas dentro o fuera de casa. Las garras son un mecanismo asombroso y mucho más complejo que la uña humana. Las uñas del gato están unidas a la punta del hueso del dedo del pie, fijadas por ligamentos. La mayor parte del tiempo las garras del gato no son visibles. Cuando está caminando, descansando o relajado, las afiladas uñas están metidas en una bolsa de piel. Así, el gato puede caminar en silencio y esas puntas afiladas no se enganchan en nada ni se quedan romas. Las uñas suelen estar enfundadas hasta que el gato quiere utilizarlas, momento en que los músculos y tendones del pie tiran del hueso de la punta del dedo hacia delante. Esto empuja la garra hacia fuera y endereza el dedo, para que la garra esté rígida y fuerte: sacar las garras en lugar de retraerlas es una decisión del gato. Las garras son muy sensibles y transmiten al gato una gran cantidad de información. Gracias a los nervios que discurren por la base de las garras, el gato sabe cuánto las ha sacado y qué movimientos laterales está haciendo; sabemos con cuánta delicadeza saben usarlas con nosotros, por ejemplo, comparado con la fiereza con que las utilizan al cazar. Si somos conscientes de todo esto, nos daremos cuenta de lo horrible que es extirparles las garras a los gatos. Las almohadillas sensibles de la pata lo ayudan a moverse silenciosamente, así como a captar texturas y vibraciones.

Como muchos otros atributos físicos de los gatos, las garras y las almohadillas son multifuncionales. Los mininos las utilizan para cazar, trepar, defenderse y comunicarse (los arañazos dejan una marca visual y las glándulas de las patas producen olores que se esparcen por la superficie al arañar). Una vez más, se trata de un comportamiento absolutamente innato: los gatos deben mantener sus armas en perfectas condiciones, por lo que necesitan un lugar donde expresar este comportamiento.

Los que salen al exterior suelen encontrar objetos que arañar, como postes de madera o árboles: hincan las garras hasta la profundidad adecuada y luego tiran hacia abajo para arrancar la cubierta exterior de la garra, con lo que por fin queda al descubierto una nueva punta brillante y afilada. Pero también es posible que no encuentren estos objetos, así que el gato podría arañar igualmente dentro de casa, es decir, no hay ninguna garantía de que un gato con acceso al exterior no arañe en casa. De lo que no cabe duda es de que un gato de interior tendrá que desahogar su necesidad innata de afilarse las uñas en vuestro hogar. El comportamiento que los lleva a arañar se halla estrechamente relacionado con el marcaje territorial, que es igualmente innato, por lo que tampoco se debe subestimar. Aun así, en muchos lugares del mundo, las casas y los muebles se valoran más que el bienestar de los gatos y se les extirpan las uñas (volveremos sobre ello en el capítulo 7).

Cazar y jugar

Como vimos en el capítulo 1, la naturaleza ha preparado a los gatos durante millones de años para que sean unos fantásticos cazadores. Las gatas empiezan a enseñar a sus gatitos lo que es cazar muy pronto, llevándoles presas heridas cuando tienen unas cuatro semanas para que puedan desarrollar sus habilidades.

El hecho de que los gatos cacen tanto si tienen hambre como si no demuestra hasta qué punto se trata de un comportamiento innato: si uno sobrevive gracias a sus habilidades, no puede pasar por alto una oportunidad de conseguir comida, por lo que percibir un movimiento desencadenará automáticamente comportamientos destinados a coger a su presa. Según parece, tan solo el 10 % de los intentos de caza tienen éxito: esto quiere decir que, sin la ayuda humana, los gatos tienen que pasar mucho tiempo cazando hasta lograr lo suficiente para sobrevivir. Para jugar con ellos, nosotros aprovechamos este impulso, con la rápida respuesta que despierta un trozo de tela que arrastramos por el suelo o un juguete parecido a un pájaro. Con nuestros gatos de compañía podemos descubrir tanto que no están muy interesados en la caza como que son unos cazadores verdaderamente entusiastas. El juego está estrechamente asociado a la caza y es clave para descubrir y utilizar los sentidos y las habilidades del gato para localizar, atrapar y matar a su presa. ¿Se puede sustituir la necesidad de cazar con una gran cantidad de juego? No estoy segura de que lo sepamos realmente, pero nos gusta pensar que poner en práctica todos esos talentos en una actividad lúdica hará que el gato se haya ejercitado tanto mental como físicamente en esta área. Si fuera así, podríamos contribuir a reducir la caza que a muy pocos dueños les gusta que practiquen sus gatos y a mejorar el bienestar de nuestras mascotas, proporcionándoles una forma de desahogar la energía.

El juego es una actividad que asociamos con los gatos, ya sea con juguetes o con presas. Es difícil separar los comportamientos que constituyen un juego de los que son depredadores, ya que los gatos juegan de diferentes maneras cuando no están cazando, tanto con otros gatos como con objetos. Realmente no sabemos mucho sobre cómo y por qué juegan, ¡a pesar de que lo hacen todos los días en nuestras casas! (Hablaremos más sobre el juego en el capítulo 8).

Dormir

Los gatos son uno de los animales que mejor duermen de la naturaleza, ya sea echándose una cabezada o durmiendo profundamente, según las circunstancias. Los gatos pueden dormir durante el 60 % de su vida, es decir, el doble de tiempo que la mayoría de los mamíferos. Los leones duermen mucho después de engullir una presa porque para alimentarse se mantendrán en marcha durante varios días. Mientras que los herbívoros tienen que masticar vegetación durante todo el día para satisfacer sus necesidades energéticas, la carne es rica en calorías y nutrientes. El carnívoro debe esforzarse más para conseguir la comida, pero puede descansar y hacer la digestión entre una y otra presa. Nuestros gatos, al estar bien alimentados, tienen mucho tiempo libre para dormir.

Los gatos suelen adaptarse a los patrones diurnos de sus dueños, y prefieren dormir cuando están solos durante el día y mantenerse activos por la mañana y por la noche, cuando sus dueños están cerca. Los fines de semana recuperan sus pequeñas siestas y momentos de sueño más profundo sabiendo que estamos ahí si nos necesitan.

Para dormir la siesta, se acomodan en cualquier sitio y cierran los ojos, pero aun así permanecen alerta. Un gato que está durmiendo la siesta es perfectamente consciente de que estamos cerca o de que nos estamos acercando, porque mantiene las orejas atentas a cualquier sonido. Dado que el gato que está profundamente dormido puede llevarse un buen susto si lo despierta un ruido fuerte o un contacto repentino, si tenemos que despertar a nuestros gatos debemos hacerlo con suavidad y delicadeza.

Un experto alemán estudió a más de cuatrocientos gatos dormidos y llegó a la conclusión de que se podía saber la temperatura de la habitación por la postura que adoptaban los gatos al dormir. A menos de trece grados centígrados, los gatos estaban enroscados, con la cabeza bien metida por debajo del cuerpo, pero a medida que aumentaba la temperatura, la forma del cuerpo del gato se abría. A más de veintiún grados centígrados, los gatos se desenroscaban y extendían las patas por delante. Hasta pueden acabar patas arriba o tumbarse de lado si se sienten seguros y calentitos. Así pues, podemos reconocer cómo reaccionan nuestros gatos a la temperatura y la seguridad por la forma en que se tumban.

Los gatos son originarios de zonas cálidas del mundo y parece que les encanta estar calentitos, ya sea al sol o en un lugar acogedor de la casa. Se les da muy bien encontrar los lugares más mullidos y aprovechar al máximo el mobiliario o nuestra ropa de cama. El sueño de los gatos sigue un patrón mucho más fragmentado que el de los humanos, algo comprensible si tienen que cazar en los mejores momentos para encontrar presas, a menudo al amanecer y al atardecer, pero también durante el día. Puede que a un gato seguro de sí mismo no le preocupe mucho dónde duerme, pero uno más nervioso puede necesitar un lugar en el que sentirse seguro antes de relajarse y dejar de estar en «alerta máxima». Los gatitos necesitan dormir más, al igual que los bebés y los gatos de más edad.

A nadie le sorprenderá que dormir sea una necesidad, y generalmente no plantea ningún problema, pero pensad que a veces tenemos en casa a varios gatos que puede que no se lleven bien. Si se encuentran en un espacio reducido, como un piso del que no pueden salir, es muy difícil que logren encontrar un espacio seguro. Cuando los gatos se aburren pueden aprovechar para molestar a los que sean menos seguros que ellos para descargar la energía, de modo que es posible que estos últimos no consigan descansar bien.

Mis amigos expertos en comportamiento también mencionan la existencia de *sueño fingido*, que es algo que yo realmente no he visto nunca, pero que se da en gatos de centros de acogida que están muy estresados, ansiosos o asustados. Por más que lo parezca, no están durmiendo ni están relajados: tienen el cuerpo en tensión y las orejas erguidas, captando todos los sonidos. Aunque el gato tenga los ojos cerrados, es muy consciente de todo lo que lo rodea; da la impresión de que cierra los ojos para intentar desaparecer esperando pasar desapercibido. Si nos damos cuenta, deberíamos pensar en qué podemos hacer para reducir el estrés que pueda padecer.

CAPÍTULO 6

Qué dice de nosotros que nos gusten los gatos y qué piensan ellos de nosotros

Los gatos se están convirtiendo en una mascota cada vez más popular: son más fáciles de mantener que los perros y proporcionan compañía a un número cada vez mayor de personas, sobre todo a las que viven solas. Sin embargo, nuestros estilos de vida, actitudes y expectativas también están cambiando, y cada vez hay más gatos que tienen que adaptarse a nosotros. ¿Hasta qué punto los comprendemos y hacemos que su vida sea sana y feliz? ¿Qué podemos hacer para entenderlos mejor y atender a todo lo que nos dicen de todas las formas que ya hemos visto, y responder con los medios que tenemos a nuestro alcance, en un entorno y un ambiente en el que puedan ser ellos mismos, de manera que expresen los comportamientos que necesiten y nos guíen para mantener una relación agradable?

Tal vez, al leerme penséis: «Todo esto va sobre lo que el gato necesita»; de hecho, así es. Somos nosotros los que controlamos sus vidas: al llevárnoslos a casa los obligamos a adaptarse, así que nosotros también deberíamos estar dispuestos a hacerlo. Habrá mucha gente a la que le resulte agradable, lo haga sin dificultad y ni siquiera se dé cuenta de que está colaborando porque le parece natural. Pero puede que otras personas tengan gatos que tal vez no encajen en lo que esperaban de ellos —porque sean más distantes por las razones que hemos comentado— y lo tengan más difícil. En cualquier caso, tratar de comprenderlos solo podrá beneficiar la situación. Respetar al gato y disfrutar de lo que sea posible nos ayuda a dar pequeños pasos muy gratificantes en el trato con nuestra mascota. Si no centrarnos demasiado en él ni forzarlo a disfrutar de nuestras caricias o mimos lo anima a acercarse más a nosotros, debemos reconocerlo como un logro.

Qué quiere decir que nos gusten los gatos

Si estáis leyendo este libro será porque os gustan los gatos, o por lo menos sentís curiosidad por ellos, y os lo habéis comprado o alguien os lo ha regalado porque sabe que os gustan. En un mundo en el que se tiende a poner etiquetas a la gente, ¿qué podría decir esto de vosotros? Otra tendencia general parece ser la de enfrentar o comparar a los amantes de los gatos y los amantes de los perros. De hecho, se realizan encuestas continuamente para ver si hay diferencias entre unos y otros, lo que da lugar a muchas suposiciones. Llama la atención que, en el mundo de las citas, a la hora de juzgar los perfiles con los que se pretende atraer a otras personas, los amantes de los gatos pueden ser objeto de bromas o descripciones poco halagüeñas, como que no se debe confiar en las personas a las que no les gustan los perros y, por supuesto, el insulto definitivo para las mujeres que tienen varios gatos es ser llamadas «la loca de los gatos». Una encuesta reveló que algunas mujeres que veían perfiles de citas con hombres que tenían gatos los consideraban menos masculinos y, por tanto, menos aptos para salir con ellos que los que no los tenían, mientras que otras pensaban que los hombres con gatos demostraban tener más sensibilidad y podían ser mejores parejas. En una investigación de los años ochenta, los hombres amantes de los gatos obtuvieron una mayor puntuación en cuanto a autonomía (control de su propia vida), mientras que a los amantes de los perros se los consideraba más agresivos y dominantes (valoraban el poder y la influencia sobre los demás y el control de las situaciones), lo cual podría apuntar a la importancia de que un perro obedezca a su dueño. A las mujeres a las que les gustaban los gatos se las consideraba menos dominantes, y por consiguiente menos preocupadas por el control y la naturaleza de sus mascotas, más independientes y definitivamente menos centradas en la obediencia. Y las mujeres de ambos grupos, ya fueran amantes de los perros o de los gatos, obtuvieron puntuaciones más bajas en lo relativo a la agresividad. No obstante, muchos estudios se basan en encuestas realizadas en las visitas a veterinarios o a amantes de los perros y los gatos, que pueden ser algo parciales, puesto que los encuestados ya están influidos por los estereotipos que se utilizan con tanta libertad.

Una encuesta que la Universidad de Texas, en Austin, realizó por internet pedía a los encuestados que se declararan «gente de gatos» o «gente de perros». Casi la mitad de los participantes se definió como «gente de perros»; una cuarta parte dijo que les gustaban los perros y los gatos, y solo el 12 % dijo ser «gente de gatos». Según la encuesta, la «gente de perros» era un 11 % más concienzuda (entendido como disciplinada y con mayor sentido del deber); un 15 % más extrovertida (entusiasta, positiva y enérgica) y un 13 % más propensa a ser «agradable» (confiada, altruista, amable, afectuosa y sociable). Sin embargo, la «gente de gatos» tenía un 11 % más de probabilidades de ser de mente abierta (curiosa, creativa, artística, de pensamiento no tradicional y propensa a probar cosas nuevas y a pasar tiempo a solas) y era un 12 % más «neurótica» (se estresaba, angustiaba o preocupaba con más facilidad). Con todo, como se puede ver, estas diferencias no son enormes en absoluto. ¿Acaso diferencias de un 10 % pueden hacernos pensar que existen grandes discrepancias?

Otros estudios han comparado a los dueños de gatos con personas que no tenían mascotas (en vez de hacerlo con dueños de perros). Los resultados de uno de ellos mostraron que, en comparación con los que no tenían mascotas, los dueños de gatos tenían un menor nivel de trastornos mentales, y por tanto mejor salud psicológica, y tenían una actitud más favorable hacia los animales de compañía (lo que probablemente no es de extrañar). No se encontraron diferencias significativas en cuanto a depresión, ansiedad, alteraciones del sueño, habilidad como cuidadores o tendencia a que las personas se presenten a sí mismas de forma generalmente favorable.

Otras investigaciones similares descubrieron que los dueños de gatos mostraban más sensibilidad social, confiaban más en los demás y eran más propensos a que les gustaran los demás que las personas que no tenían mascotas. Las mujeres tenían mayor tendencia a etiquetarse como amantes de los gatos que los hombres. Otro estudio sugería que los amantes de los perros eran más amables y alegres, más conscientes de las normas y más atrevidos socialmente, mientras que los amantes de los gatos eran pensadores abstractos, más inteligentes y más independientes.

En 2016, con motivo del Día Internacional del Gato, que se

celebra todos los años el 8 de agosto, Facebook analizó las características sociales de los dos grupos: amantes de los perros o de los gatos. Refiriéndose a la característica animal estereotipada de que los perros son más sociables y fáciles de llevar, mientras que los gatos son reservados, independientes e impredecibles, preguntaron si alguna de estas características se reflejaba en las personas de Estados Unidos que compartían en Facebook fotos de perros, de gatos o de ambos. Como cabía esperar, las personas a las que les gustaban los gatos tendían a hacerse amigas de otros amantes de los gatos; y a las que les gustaban los perros, de otros amantes de los perros, pero no exclusivamente: de hecho, a los amantes de los gatos también les caían bien los amantes de los perros, es decir, les gustaban las personas respetuosas con los animales.

Alrededor del 30 % de los amantes de los gatos eran solteros, frente al 24 % de los amantes de los perros. ¡Pero ser soltero y amante de los gatos es bastante incluyente! No eran solo mujeres mayores (una conclusión a la que muchos podrían llegar): los amantes de los gatos más jóvenes y los hombres de todas las edades a los que les gustan los gatos tienen las mismas probabilidades de estar solteros. Algunos resultados de esta relación pueden deberse a la diferencia entre vivir con un perro o un gato en zonas urbanas o rurales, ya que los dueños de perros se concentran más en las zonas rurales, donde hay más espacio para que el animal haga ejercicio, mientras que existe una mayor tendencia a tener gatos cuando se vive en la ciudad (aunque en ambos grupos hubiera participantes que vivían en el campo y en la ciudad). Los amantes de los gatos tenían un gusto desproporcionado por los libros, la televisión y el cine, y eran especialmente aficionados a la fantasía, la ciencia ficción y el anime, mientras que a los amantes de los perros les gustaban las historias y cosas de perros. En Estados Unidos y el Reino Unido hay más hogares con perros que con gatos, pero en general hay más gatos que perros, ya que hay hogares con varios gatos y muchos que tienen tanto perros como gatos.

Cómo nos ven los gatos

Hemos hablado de cómo son los gatos y cómo se comunican, lo que parecen querer y necesitar teniendo en cuenta al mismo tiempo nuestras necesidades humanas, lo que queremos de nuestros gatos y lo que deseamos para ellos. Así pues, ha llegado el momento de pasar a analizar lo que sabemos sobre cómo nos ven los gatos, cómo interpretan nuestras señales, cómo interactúan con nosotros, qué influye en ello y cómo cambia su comportamiento con nuestra presencia. Se han llevado a cabo muchos más estudios con perros que con gatos, y a veces las pruebas que se realizan con gatos no son más que adaptaciones de las que se hacen para los perros, pero, como ya os podéis imaginar, no siempre funcionan con los gatos.

Los gatos no cooperan de una forma tan directa como los perros; pero, como ha dicho un investigador, «si se presentan problemas para medir el comportamiento en la especie, probablemente el problema no sea la especie, sino la metodología». Normalmente, antes de participar en las tareas, se suele dar algún tipo de adiestramiento a los perros y utilizar comida como recompensa. A los gatos también se los puede adiestrar, tal como ilustran fácilmente mis colegas Sarah Ellis y Linda Ryan. Requiere reflexión y paciencia, pero es factible. Probablemente, la mayoría somos demasiado perezosos para hacerlo bien. Adiestramos a los perros, pero sospecho que ellos están más dispuestos a cooperar, o al menos a mostrar su intención de hacerlo, y son más indulgentes que los gatos con las técnicas deficientes. Los dueños pueden decir que sus gatos están en sintonía con su comportamiento y responden a él, pero a pesar de su popularidad como animales de compañía, se ha investigado poco sobre las relaciones sociales de los gatos con las personas.

¿Los gatos prefieren a determinadas personas?

Gran parte de la investigación de la que disponemos se la debemos a Dennis Turner y sus colaboradores (que hablaron sobre la individualidad de los gatos, lo que ha influido en este libro). Sus estudios comenzaron en una época en la que había poca información sobre el comportamiento felino, especialmente en lo relativo a sus interacciones con las personas. Turner comentó que, en un hogar, las más propensas a interactuar con los gatos eran las mujeres, aunque esto puede deberse a que en aquella época había más mujeres que se quedaban en casa en lugar de salir a trabajar. Si siguiera siendo así ahora habría que tenerlo en cuenta, ya que los roles van cambiando, los géneros se van haciendo más fluidos y hay más gente que trabaja para conseguir ingresos suficientes para vivir, aunque, por otra parte, después de la pandemia también hay más personas que trabajan desde casa. Aun así, es muy posible que, entre los miembros de un hogar, las mujeres sigan siendo las que tienen más probabilidades de alimentar al gato e interactuar con él. No es de extrañar que, según los resultados de los estudios, las mujeres con hijos pasen menos tiempo con los gatos, igual que los gatos que pueden salir de casa y cada uno de los gatos de hogares en los que conviven varios también tengan un tiempo de interacción menor que los gatos de interior o los que son el único gato de la casa. Los estudios han demostrado, asimismo, que cuando hay un único gato en casa, suele ser más activo, pasar más tiempo cerca de sus dueños, jugar más e interactuar más que los gatos que viven con otros gatos de compañía. Es lógico.

Resulta interesante saber que los mininos no prefieren espontáneamente un sexo o una edad de las personas, sino que más bien serán los distintos comportamientos de las personas de cada uno de estos grupos los que hacen que los gatos reaccionen de un modo distinto. Los investigadores descubrieron que las formas en las que las personas se acercan a ellos influyen en la reacción del gato. Todos los adultos interactuaban más a menudo sentados, pero sobre todo los hombres, mientras que las mujeres y las niñas se ponían a la altura del gato. Las mujeres le hablaban al gato más que los hombres y el gato les contestaba. Tanto los niños como las niñas solían ponerse de pie, pero a los niños les gustaba acercarse al gato y seguirlo (e incluso perseguirlo), mientras que los adultos esperaban a que fuera el animal el que se acercara. Las personas mayores esperaban con gusto la interacción, y los gatos los recompensaban por su paciencia dedicándoles más tiempo.

¿Quién da el primer paso?

Con el tiempo se han ido obteniendo otros resultados interesantes, ¡aunque puede que los amantes de los gatos no los quieran conocer! Cuando eran las personas las que daban el primer paso, la interacción duraba menos que cuando era el gato el que las buscaba, tal vez acercándose con la cola levantada, frotándose con ellos, maullando o incluso arañando los muebles para llamar la atención. Pero parece que los gatos también hacen sus concesiones: si el dueño lo acepta bien cuando él lo busca, luego el minino parece mostrarse más dispuesto a interactuar cuando es el dueño el que desea estar con él.

Unos estudios más recientes sobre gatos en centros de acogida revelaron, por una parte, que los gatos pasaban mucho más tiempo con las personas que les prestaban atención que con las que los ignoraban; y, por otra, que en lugar de sentirse atraídos por la comida o los juguetes, los gatos solían preferir la interacción con las personas. En cualquier caso, no podemos olvidar que la situación de un centro de acogida, adopción o rescate es muy diferente a la de un hogar, donde la compañía humana suele estar asegurada. En estos centros, algunos gatos muy sociables pueden estar muy necesitados de atención humana y aprovechar cualquier oportunidad que se les presente para interactuar. En cambio, nuestras mascotas saben que lo más seguro es que en casa reaccionemos muy positivamente a sus llamadas, por lo que pueden elegir los distintos momentos en los que deseen estar con nosotros.

Como hemos dicho, a los gatos les gusta tomar sus propias decisiones, incluida la de cuándo interactúan y durante cuánto tiempo. La individualidad de los gatos hace que varíe mucho lo amistosos que son con nosotros y el tiempo que disfrutan de nuestra atención, que también depende de cómo sea nuestra respuesta y del grado en que pueda llegar a abrumarlos. Por lo tanto, aunque los gatos no parezcan interesados en interactuar con nosotros, merece la pena demostrarles que estaremos encantados de hacerlo si así lo desean. Después, solo tendremos que seguir sus señales.

¿Les afectan las personalidades humanas?

Una investigación reciente ha descubierto que la personalidad de los dueños parece coincidir con la de sus gatos. En el estudio se clasificó a las personas en función de su amabilidad, meticulosidad, extroversión, grado de estabilidad emocional y apertura, y los resultados parecen indicar que existen vínculos entre la personalidad de las personas y el carácter de los gatos.

Los dueños clasificados con el rasgo de inestabilidad emocional o neuroticismo (con tendencia a la ansiedad, la negatividad y la inseguridad) presentaban más relaciones con gatos de los que se decía que tenían «problemas de comportamiento», entendido como gatos que mostraban agresividad, ansiedad, miedo, conductas relacionadas con el estrés y que padecían afecciones médicas o sobrepeso.

Los investigadores descubrieron, además, que los dueños que puntuaban más alto en extroversión (que buscaban la estimulación social y las oportunidades de relacionarse con los demás y que a menudo se describen como personas llenas de vida, energía y positividad) eran más propensos a dejarlos salir y estaban más satisfechos con sus gatos, con los que parecía más fácil la convivencia.

Una investigación como esta es muy difícil de realizar e interpretar, puesto que no se conocen las relaciones causales. Mi reacción instintiva es pensar que el comportamiento del dueño, influido por su personalidad, afecta al comportamiento del gato, y no que sea este último el que tenga un carácter más difícil. Que las personas que puntuaron más alto en inestabilidad emocional tuvieran gatos más difíciles, ya fuera accidentalmente o a propósito, no parece una casualidad, ¿no? ¿Puede que eligieran gatos que ya parecían nerviosos o ansiosos en lugar de gatos atrevidos o seguros de sí mismos? ¿Tal vez querían ayudar a los gatos y encargarse de los más difíciles? ¿Quizá eligieron gatos más nerviosos pensando que podrían cuidarlos y «engatusarlos»? De no ser así podría indicar que el enfoque humano de la vida afecta a los gatos de una forma bastante preocupante.

Cuando hablamos de comportamiento problemático, lo que queremos decir con ello es que los gatos se comportan de una manera o hacen algo en un lugar que no nos gusta, como sus necesidades fuera del arenero, o que reaccionan ante las personas de una forma que se considera «agresiva», cuando en realidad puede que no sea más que una forma de mantenerlas a distancia si se sienten abrumados o quieren pasar desapercibidos. ¿No será simplemente que las personas que son más bien neuróticas ven las cosas de una forma más negativa y que las personas más positivas no se dan cuenta o no se preocupan por algunos de los rasgos que las personas neuróticas parecían haber experimentado? ¿No podría ser que, si uno está más preocupado por la vida, vea más peligro para su gato e intente controlarlo y protegerlo tanto que le complica la existencia? Hemos visto que a los gatos les gusta tomar la iniciativa y tener el control sobre lo que hacen. ¡Probablemente da mucho más que pensar el comportamiento humano que el comportamiento felino!

¿Los gatos crean vínculos afectivos con nosotros?

Según Human Animal Bond Research Institute, el vínculo entre el ser humano y el animal es una relación mutuamente beneficiosa y dinámica entre personas y animales en la que influyen comportamientos esenciales para la salud y el bienestar de ambos. Esto abarca, entre otras cosas, las interacciones emocionales, psicológicas y físicas de las personas, los animales y el entorno.

Cada vez hay más estudios que demuestran que los gatos pueden establecer con sus dueños vínculos afectivos tan fuertes como los de los perros y que hasta ahora los habíamos subestimado. Casi todos diríamos que nuestros gatos están muy unidos a nosotros, pero ¿cómo lo demostramos? Puede que la motivación de los perros para crear vínculos con las personas radique en el hecho de que ambos tienen una necesidad absoluta de conexión social. Pero los gatos son «socialmente flexibles» y poseen una gran individualidad en todo lo que hacen y lo que les gusta. Los gatos parecen ver a sus dueños y su hogar como un lugar seguro, mientras que lo que se encuentre fuera de su territorio puede resultar amenazador. Nosotros creemos que esto va más allá de la mera sensación de seguridad, y que los gatos y las personas establecemos vínculos porque nos gustamos. Sin embargo, los gatos no se expresan de la misma manera que los perros o las personas. Comprender cómo podemos desarrollar estos vínculos para que nuestros gatos se sientan aún más seguros puede contribuir a mejorar nuestras relaciones con ellos o ayudarlos a afrontar situaciones estresantes, lo que podría hacer que se sintieran más relajados con nosotros e interactuaran más. Y al mismo tiempo, también ayudaría a mejorar su imagen ante aquellas personas a las que, por alguna razón, no les gustan los gatos y necesitan dar un motivo para esta aversión, como que los gatos son demasiado independientes o que solo están con las personas porque les interesa.

La mirada del amor

Las personas nos orientamos mucho por la vista y nos fijamos en cómo mantenemos el contacto visual o apartamos la mirada: para nosotros, la forma de mirar es importante. El contacto visual también tiene su propio significado en el mundo animal. Cuando los investigadores hablan de *mirada* se refieren a una observación mutua fija e intensa. Con la mirada se establece una comunicación no verbal tanto entre personas y perros como entre personas y gatos. La mirada tiene significado para el que la da y para el que la recibe, y parece contribuir a la formación de un vínculo entre ambas partes. Tanto los perros como los gatos utilizan el olfato, el oído, el tacto y la vista para comunicarse con los seres humanos, pero las especies difieren, porque son animales muy distintos, al igual que su comportamiento con sus congéneres y con las personas (debido a cómo han evolucionado y se han desarrollado para vivir con los seres humanos o a su alrededor). No estoy muy segura de qué lugar ocupa la mirada en el arco que va de echar una ojeada a clavar la vista, pero es de suponer que, aun no siendo un acto tan agresivo como este último, irá un poco más allá del vistazo rápido. Lo que sí sabemos es que mirar fijamente puede ser un comportamiento bastante agresivo que los gatos suelen utilizar para mostrarse combativos, lo cual es distinto a la forma en que los perros utilizan la interacción visual con nosotros y entre ellos.

Se sabe mucho más sobre la comunicación con la mirada de los perros: sus antepasados, los lobos, viven y cazan en grupo, por lo que no es difícil apreciar cómo se miran unos a otros para comunicarse y cooperar. Al parecer, mirar a los perros tiene un efecto en ellos: son más obedientes y hace que aumente su comportamiento de búsqueda de atención, como lloriquear, gimotear o mirar a sus dueños si son estos los que los miran. Durante su domesticación, los perros estaban (y siguen estando) más sometidos al control humano y dependían más de sus cuidadores; así que para un perro puede ser muy importante saber quién le dará de comer porque lo está mirando o quién reaccionará si él lo mira. Los perros también siguen la mirada de una persona que está observando algo, y pueden pasar la mirada de sus dueños a un objeto, por ejemplo, cuando ven comida pero no pueden llegar hasta ella, quizá como una forma de pedir colaboración ante un problema. Los perros pueden confiar en las personas para que los ayuden en situaciones en las que no saben qué hacer o cuando no pueden resolver los problemas por sí mismos. Al haber evolucionado a partir de un entorno cooperativo, es probable que busquen apoyo en los demás, puesto que este ha sido un aspecto positivo de su desarrollo.

¿Y los gatos? Sabemos que los gatos monteses, antepasados del gato doméstico, vivían y cazaban solos, y que, por lo tanto, no necesitaban interpretar la mirada de los demás buscando su cooperación. Durante la «domesticación», los gatos desarrollaron la capacidad de vivir en grupo si les convenía y había suficiente comida, y las gatas cooperaban en la crianza de los gatitos. Sin embargo, no tienen el abanico de comportamientos que utilizan los perros para señalar sumisión durante las disputas ni establecen estructuras jerárquicas que ayuden a guiar y controlar el comportamiento de un grupo cooperativo y mantenerlo unido, lo que, en cambio, es vital para animales sociales como los perros.

En el caso de los gatos que viven juntos, lo que une al grupo es el intercambio de olores, el *allorubbing* (frotarse unos con otros) y el acicalamiento mutuo. Entre los beneficios de vivir en grupo está la defensa del territorio, de modo que otros gatos no puedan utilizar su fuente de alimento y refugio, y la defensa contra los depredadores u otros machos que podrían matar a las crías que no son suyas. Con todo, puede que el comportamiento de los gatos se formara por completo durante su fase solitaria. Eso sí, sabemos que los cachorros aprenden rápido observando a los demás, pero no se ha estudiado si ese comportamiento los lleva a percibir lo que su madre está mirando. Al igual que los perros, pueden ir hacia un objeto que una persona está señalando o mirando, pero son menos reactivos a los comportamientos de los seres humanos cuando se sienten confusos o están preocupados por el objeto en cuestión; en este sentido, los perros parecen ser capaces de pedir más ayuda. Pero si la situación se produjera en la casa del gato con su dueño, me pregunto si el gato interactuará más al saber que su dueño reaccionará o porque el dueño sabe que él quiere algo. Por otra parte, cuando los gatos se encuentran con objetos nuevos o extraños y no saben qué hacer, parecen ser capaces de leer la expresión emocional del rostro de la persona; y teniendo en cuenta que en su evolución los gatos no aprendieron a mirar a otros gatos en busca de comida, esta capacidad debió de desarrollarse durante el tiempo en que han estado viviendo con el ser humano.

No obstante, se han realizado algunos estudios que demuestran que los gatos mueven la cabeza y pueden cambiar su comportamiento cuando una persona los está mirando fijamente, y que también parecen evitar una mirada fija que les resulte familiar. No sabemos si los gatos perciben nuestra mirada como la mirada fija de otro gato, pero es probable que así sea, puesto que una mirada fija puede indicar una amenaza.

Tanto los perros como los gatos distinguen las señales basadas en las emociones del ser humano. Los perros son capaces de identificar los estados emocionales y las expresiones faciales de las personas, y cambiar su comportamiento en consecuencia. En un estudio, los perros olfatearon, acariciaron y lamieron a un humano que fingía llorar, y se acercaron a un objeto extraño cuando sus dueños reaccionaron positivamente y se alejaron de él cuando sus dueños reaccionaron negativamente. Otro estudio descubrió que los gatos se frotaban más contra sus dueños cuando estos estaban deprimidos y que el comportamiento felino podía distinguir entre expresiones faciales y posturas. Por consiguiente, ambos pueden reaccionar ante las emociones. Y si en el caso de los perros lo explicamos por el vínculo con los dueños, ¿por qué no en los gatos?

Y el estado de ánimo de las personas, ¿puede influir en los gatos? ¿Y ellos en el nuestro? Las mujeres que tienen gatos parecen ser menos propensas a la depresión y la introversión que las que no los tienen. Los gatos parecen reaccionar a los estados de ánimo de sus dueños, pero esos estados de ánimo no parecen afectar a cómo reaccionan los gatos. Las mujeres con un estado de ánimo negativo parecen sentirse mejor interactuando con gatos, pero los gatos no mejoran el estado de ánimo de las mujeres que ya están de buen humor. En los estudios, los gatos afectaban de la misma manera a hombres y mujeres solteros, solo que ¡a los hombres les afectaba más la presencia de mujeres que la de los gatos!

Los estudios también han demostrado que los perros se comportan de un modo distinto con sus dueños que con alguien a quien no conocen (como confirmarían la mayoría de los dueños), y parece que los perros consideran a sus dueños como algo seguro, algo así como la forma en que los niños ven a sus padres. Curiosamente, cuando los perros y las personas se miran, se segrega la hormona oxitocina (asociada al nacimiento y la lactancia, y presumiblemente a la formación del vínculo entre la madre y el bebé después del parto). Cuando los perros miraban a las personas provocaban un aumento de oxitocina en ellas, lo que a su vez aumentaba la interacción con el perro. La interacción con el dueño también aumentaba la secreción de oxitocina en los perros; en otras palabras, tanto el perro como la persona experimentaban un aumento de la hormona al mirarse, como ocurre entre las madres y los bebés. Los resultados de los estudios sugieren que los vínculos entre gatos y personas son similares a los que existen entre las personas y los perros o las madres y los bebés. Lo que no sabemos es si la mirada que ayuda al vínculo entre perro y persona o persona y persona sea la misma que entre gato y persona. Cada uno de mis gatos utiliza la mirada de una forma muy distinta conmigo, así que, una vez más, podría ser un aspecto muy individual (seguiremos hablando de ello en el capítulo 9).

En la comunicación que se establece a través de la mirada entre los gatos y las personas existe otro componente interesante denominado *parpadeo lento.* Actualmente, contamos con algunas ideas nuevas sobre la relevancia del parpadeo. En la mayoría de los casos, las personas parpadeamos sin pensar, aunque también podemos hacerlo de modo consciente, mientras que en los animales es una señal inconsciente.

Cuando los perros y las personas se miran fijamente, la persona y el perro sincronizan sus parpadeos: el perro parpadea aproximadamente un segundo después que el dueño, y los dueños parpadean inmediatamente después que los perros. El mismo fenómeno se ha observado en los gatos, y se cree que ayuda a la comprensión y la confianza mutuas. El hecho de que el parpadeo rompa lo que podría considerarse una mirada fija podría tener ese significado adicional para nuestros amigos felinos.

Un estudio ha descubierto que cuando las personas parpadeaban despacio a sus gatos, estos también lo hacían, y que podía ser una forma en que los dueños pudieran mostrar afecto a sus mininos. En el mismo estudio se observó que los gatos eran más propensos a acercarse a los desconocidos cuando estos parpadeaban despacio, lo que indica que tal vez con ello les transmitían que no eran una amenaza.

El parpadeo lento de un gato comienza con una expresión neutra; luego, el gato baja parcialmente los párpados superiores hasta la posición de medio parpadeo y, por último, cierra y estrecha los ojos antes de volver a abrirlos lentamente. Los investigadores creen que los gatos parpadean lentamente cuando están contentos, y que el parpadeo es un signo de confianza y afecto. No tiene nada que ver con la mirada concentrada que tienen los gatos cuando observan algo con ansiedad o se sienten recelosos; el parpadeo lento es suave y relajado, y muestra confianza en la persona.

Otros factores que fomentan el vínculo

Es lógico que la visión no sea lo único que contribuya a la formación de un vínculo entre una persona y su mascota. En el caso de los gatos, también puede hacerlo su agudo sentido del oído y su asombroso olfato. Sabemos que los gatos adaptan la comunicación vocal para conectar con las personas mediante el maullido, que solo suelen utilizar para la comunicación entre los gatitos y sus madres. También sabemos que, tras separarse de sus dueños durante un largo periodo, los gatos ronronean más que si se separan poco tiempo. Los gatos distinguen la voz de sus dueños y reaccionan con más movimientos de la cabeza y las orejas que cuando oyen la voz de un desconocido.

Cuando los gatos viven en grupo, diferencian a los miembros de ese grupo de los que no lo son basándose en el olfato. De hecho, tienen una comunicación olfativa muy desarrollada. Cuando viven en grupo, los gatos se frotan al cruzarse y dejan olores en las cosas que encuentran en su territorio. De esta forma crean un olor de grupo con un perfil particular que los tranquiliza a ellos y a los demás miembros de la comunidad felina. Nuestros gatos se frotan contra nosotros y se sientan en nuestras camas, sillas y ropa, donde hemos dejado nuestro olor (aunque no nos demos cuenta): así es como compartimos un olor tranquilizador que puede ayudarlos a sentir que nosotros también formamos parte de su grupo o que ellos forman parte del nuestro.

Los perros y los gatos han adaptado su comunicación de distintas formas para convivir con las personas y crear esa «relación mutuamente beneficiosa y dinámica» que llamamos *vínculo*; y la verdad es que todos deberíamos pararnos a pensar en lo que significa la expresión *mutuamente beneficiosa*. Cuando hablamos de vínculo, solemos hacerlo desde el punto de vista humano: lo que una mascota puede hacer por nosotros, como bajar la tensión arterial, reducir el estrés y disminuir la soledad o la depresión. Para las personas mayores, ocuparse de un animal de compañía puede tener efectos mentales y físicos positivos; y lo mismo ocurre con los niños durante el desarrollo emocional, cognitivo, social y conductual. Pero ¿y la mascota? Es evidente que debemos proporcionarles comida, agua, seguridad y atención sanitaria, pero a veces deberíamos ponernos en el lugar del gato.

Si malinterpretamos a nuestros gatos (ya sea por ignorancia o porque no queremos cambiar nuestra forma de actuar si descubrimos algo que no nos gusta), es posible que no lleguemos a captar las señales con las que nuestros gatos tratan de decirnos lo que piensan realmente de estar con nosotros. Podríamos perdernos lo positivo y lo negativo, pero no debemos olvidar que reconocer esas señales y responder a ellas podría mejorar la convivencia.

CAPÍTULO 7

¿Utilizamos a los gatos?

En nuestra relación con los gatos hay ciertas cosas que me preocupan mucho, porque creo que con ellas les damos un trato bastante injusto y hasta se pone su bienestar en tela de juicio. En el próximo capítulo disfrutaremos de toda la diversión que vivimos con nuestros gatos, pero ahora quería pararme a analizar algunas de las situaciones en las que deberíamos reconocer que, aunque los queramos, también los malinterpretamos, y que a veces tendríamos que cuestionar nuestras intenciones para estar seguros de que realmente estamos haciendo lo mejor para ellos. Soy consciente de que este capítulo puede incomodar o molestar a algunas personas que consideren que hay una crítica implícita en él, pero trabajar con gatos durante más de treinta años ha puesto de manifiesto algunos aspectos en los que creo que tenemos que ser conscientes de cuáles son nuestras motivaciones, por más que nos resulte incómodo. En mi caso, sé que tengo gatos porque me fascinan, me encanta tenerlos cerca, hacen que mi casa sea más acogedora y me hacen mucha compañía, ¡pero ellos no han podido decidir nada al respecto! Tenemos que ser honestos con nosotros mismos acerca de cuáles son nuestras necesidades y deseos, pero también de las necesidades y deseos de los gatos. Solo así podremos intentar hacer lo que sabemos que es mejor para ellos.

Me propusieron dar una charla en la conferencia anual World Horse Welfare. Conozco desde hace años a su excelente director ejecutivo, Roly Owers, y sé que su conferencia adopta un enfoque innovador sobre la forma en que trabajamos con los caballos, al tiempo que examina la relación entre el ser humano y estos animales. Es estupendo compartir y cuestionar ideas sobre diferentes especies. Owers me invitó a hablar sobre los principios de International Cat Care y me preguntó si había algún enfoque que pudiéramos adoptar para los gatos que encajara con el tema de la conferencia: «When does use become abuse?» [«¿Cuándo el uso se convierte en abuso?»]. Era una idea interesante que realmente me hizo pensar.

Desde luego, no consideramos que nuestra relación con los gatos sea una forma de «usarlos» y a la mayoría de la gente le escandalizaría pensar que es así, puesto que les damos cariño y tratamos de ayudarlos. Seguramente estaríamos de acuerdo en que utilizamos a los animales de granja para producir carne, huevos o leche, pero los gatos no encajan en absoluto en esa descripción. A los caballos quizá podríamos situarlos entre los animales de granja y los de compañía, pues si bien se utilizan para el trabajo, la competición y la equitación como una forma de ocio, también se les da cariño individualmente. Esto me hizo pensar en cómo nos relacionamos las personas con los animales, qué suposiciones hacemos y cómo a veces les causamos daño sin pretenderlo, sin comprenderlos o sin importarnos que nuestros deseos los perjudiquen.

Pensad en las distintas formas en las que vivimos y trabajamos con los gatos: además de tenerlos como compañeros, también trabajamos con ellos como profesionales veterinarios, en refugios o cuidando gatos sin dueño, en negocios de peluquería y cría, y vendiendo productos o alimentos para ellos. Los dueños quieren gatos para tener compañía o alguien a quien cuidar, querer o ayudar. Queremos que los gatos sean animales de compañía (tal y como esbozamos en el capítulo 2), de modo que tenemos que prepararlos bien si queremos que vivan sintiéndose cómodos con nosotros y comportándose de manera que todos disfrutemos de la convivencia. La «creación» de una buena mascota (una relación de disfrute mutuo) requiere una genética adecuada para mostrar amistad, proporcionarle interacciones humanas positivas en las primeras ocho semanas de vida y mantener interacciones positivas continuas, así como asegurarle una buena salud física y bienestar mental. Pero, por otra parte, tendemos al antropomorfismo, y si bien es cierto que atribuir pensamientos y sentimientos humanos a los animales puede mejorar la empatía, también puede restar prioridad a las necesidades de los gatos.

Hay varios aspectos en los que nuestra relación con los gatos, en lugar de ser mutua, puede tender al «uso»; por ello, necesitamos cuestionar nuestras motivaciones y pensar en el bienestar de los animales. En este capítulo hablaremos brevemente sobre la eliminación de las garras; la cría para obtener resultados extremos, a pesar de los problemas hereditarios que comporta; cuándo nuestra ayuda puede generar una mala situación para ellos; y cómo podríamos presionarlos demasiado si los tratamos como animales de apoyo emocional.

Extirpación de las uñas

En muchos lugares del mundo, las casas y los muebles se valoran más que el bienestar de nuestras mascotas, así que se les quitan las garras para que no arañen. Este procedimiento se inició en los años cincuenta y se popularizó en los setenta. Con todo, en muchos países se dieron cuenta de lo horrible que era hacerle esto a un gato (más información a continuación), y ahora está prohibido en más de cuarenta países.* La extirpación de las uñas todavía se permite en Norteamérica, aunque algunas provincias canadienses y algunas ciudades de Estados Unidos prohíben la operación (Nueva York fue el primer estado que la prohibió). Si buscáis información sobre la desungulación en internet, una de las imágenes más impactantes que encontraréis es la de un montón de pequeñas garras que acaban de ser extraídas de las patas de un gato.

¿Y por qué es tan horrendo? ¿No es como cortarse las uñas? Pues la verdad es que no. Es mucho más extremo. En realidad, la desungulación es la amputación de los dedos. Imaginad que os cortáis todo el extremo del dedo desde la articulación en la que se dobla (con una especie de cortaúñas, un láser o un bisturí): eso es la desungulación. Si la operación no se realiza bien, los tejidos se dañan y pueden quedar pequeños trozos de hueso; además, las heridas pueden infectarse o pueden volver a crecer trozos de uña. Y aunque se hiciera bien, sabemos que la extirpación puede provocar dolor a largo plazo y cambios de comportamiento, como orinar y defecar por la

* En España, desde el año 2003, la ley prohíbe expresamente la desungulación u oniquectomía, salvo que sea necesaria por razones de medicina veterinaria (Ley 22/2003 de 4 de julio, de Protección a los Animales). *(N. de la e.).*

casa, esconderse o comportarse de forma que ahuyente a las personas (lo que se consideraría un comportamiento agresivo) y mordisquearse el pelaje... Ninguna de estas señales se corresponde con un gato relajado y feliz. También puede ocasionar daños en el sistema nervioso y puede sufrir un dolor similar al que padecen las personas a las que se les amputan los miembros.

Como alternativa a la extirpación total de las uñas, también se puede realizar una operación que hace que el gato no pueda retraer las uñas, cortándole los tendones (lo que afecta a la capacidad de volver a meter las uñas en sus vainas). Así el gato conserva las uñas, pero no puede arañar para retirar las vainas externas de las uñas. Como consecuencia, no podrá utilizar las uñas de un modo correcto, por lo que crecerán en exceso y habrá que recortárselas continuamente, lo que a su vez comporta una necesidad mayor de manipular al gato, y muchos de ellos no lo aceptarán tan fácilmente. Además, teniendo en cuenta la fuerza de los instintos e impulsos del gato para llevar a cabo estos comportamientos (que marcarían la diferencia entre sobrevivir o no en un mundo ajeno al de las personas), ¿cómo se sentirá un gato cuando no pueda poner en práctica dichos comportamientos? Eliminar las garras o impedir que las utilicen no eliminará la necesidad de los gatos de arañar, puesto que no pueden superar un instinto innato.

La extirpación de las uñas es un procedimiento doloroso y puede tener efectos a corto y largo plazo. Una vez extirpadas, es posible que los gatos no quieran apoyar peso en las patas ni caminar. Se ha demostrado científicamente que los gatos a los que se les han extirpado las uñas pueden sufrir dolor de espalda y tener más problemas que aquellos a los que no se les han extirpado. No pensamos que un gato flexible y ágil pueda tener dolor de espalda, pero si intenta no apoyar su peso en todas o algunas de las patas, es probable que cambie su forma de andar, causándole problemas de espalda.

Se ha argumentado que la extirpación de las uñas favorece a los gatos porque evita que la gente los someta a eutanasia o los abandone porque causan daños en el hogar. ¿Qué clase de argumento es ese? La eliminación de las garras puede hacer que los gatos se sientan incómodos o doloridos, con las consiguientes alteraciones del comportamiento (que los dueños considerarán conductas problemáticas), lo que en última instancia puede llevar al realojamiento o a la eutanasia de muchos de ellos.

Hay otras formas de reducir los daños causados por los arañazos en el interior de la vivienda, como poner postes u otros materiales que tengan el tamaño, la forma y la ubicación adecuados para incitar a los gatos a utilizarlos, además de animarlos nosotros a hacerlo y recompensarlos cuando los utilicen. Por otra parte, es posible que los gatos que pueden salir de casa no arañen tanto cuando están dentro, y recortarles las uñas también puede ayudar, aunque para hacerlo habrá que cogerlos y seguramente a muchos de ellos no les guste. Puede que evitar o prevenir los arañazos no sea tarea fácil, pero a lo mejor como dueños deberíamos aceptar algunas imperfecciones en nuestros hogares para adecuarnos a los gatos y sus comportamientos. Arañar es una necesidad que el gato necesita cubrir y, en mi opinión, extirparles las uñas es, sin duda, un abuso. Tal vez haya muchas personas a las que les parezca normal porque es muy común, pero seguramente no son conscientes del verdadero horror que están provocando a sus mascotas.

Razas propensas a tener problemas

Nadie, ni siquiera una persona a la que no le gusten los gatos, podrá decir que no son encantadores. Esbeltos, preciosos, con un pelaje y un color de ojos tan vistoso: todos los miembros de la familia felina han evolucionado hasta convertirse en depredadores de primera fila sin ser conscientes de su belleza, lo cual resulta muy atractivo para las personas. A muchos nos gusta verlos todos los días simplemente porque son bonitos. Se podría pensar que esto es la perfección y que deberíamos alegrarnos, pero somos humanos y tendemos a intentar tener más de lo que nos gusta, y a cambiarlo si podemos.

Antes cuestionamos el uso de la palabra *domesticación* en relación con los gatos, ya que creemos que no están tan domesticados como muchas otras mascotas. La mayoría de los animales domesticados no pueden elegir a la pareja con la que tendrán descendencia, pero probablemente más del 90 % de los gatos del mundo no son de raza, por lo que tienen una mezcla aleatoria de genes. En cuanto a las gatas mestizas, rara vez elegimos a su pareja, puesto que el apareamiento suele producirse fuera de casa sin que nos demos cuenta. De hecho, lo normal es que ni siquiera sepamos qué aspecto tiene el macho, por no hablar de su carácter. Es la gata la que decide. En cambio, en el caso de los gatos de raza, controlamos la composición genética para criarlos a partir de otros que posean ciertos rasgos, normalmente físicos, para que resulten atractivos o para crear algo nuevo.

¿Qué es un gato de raza?

Un gato de raza es aquel cuyo aspecto podemos predecir con bastante exactitud y suele seguir un «estándar» establecido por organizaciones que los registran y que participan en exposiciones felinas que premian a los dueños de aquellos que mejor se ajustan a ese estándar. De este modo se garantiza que los gatos de una raza determinada tengan un aspecto similar, aunque quizá con diferentes colores de pelaje u ojos que estén permitidos.

Los gatos de raza, al igual que la mayoría de los animales domesticados, como el ganado vacuno, las ovejas o los cerdos, no eligen a sus parejas: son las personas las que seleccionan a los gatos para juntarlos, principalmente por un determinado rasgo. Los buenos criadores elegirán a sus gatos reproductores en función de su salud y temperamento, así como de su aspecto, aunque no siempre ocurre. Es de esperar que también los elijan porque sean sociables y puedan ser mascotas felices. La genealogía del gato se crea a partir de otros gatos específicos y muy similares, todos de la misma raza o de razas permitidas, ya sea para mantener el estándar establecido para esa raza o para crear otra nueva. Pero una consecuencia es que el número de gatos disponibles para la cría es muy reducido, al igual que la reserva genética, y sabemos que cuanto menor sea esta, mayor será el riesgo de transmisión de problemas genéticos.

Por consiguiente, aunque el aspecto del gato que podamos buscar está prácticamente garantizado, pueden surgir problemas debido a su limitado acervo genético. De hecho, un patrimonio genético limitado podría comportar la rápida transmisión de trastornos o problemas de salud ya presentes, en cuyo caso estaríamos hablando de trastornos hereditarios. Por otro lado, también se han llevado al extremo las características físicas de algunas razas, que presentan, por ejemplo, caras muy planas, patas cortas, ausencia de manto o pelajes muy largos, y en otras incluso se han seleccionado y transmitido características físicas que causan dolor e incomodidad al gato, como en el caso del fold escocés (véase más abajo).

El aspecto o estándar de algunas razas puede requerir lo que podría considerarse como formas corporales extremas, como nariz muy chata o ausencia de cola, que pueden no ser lo mejor para la salud del gato. A continuación, vamos a ver tres razas cuyas características físicas, sin lugar a duda, causan problemas a los gatos que nacen con esos cuerpos creados por las personas.

Gato fold escocés. El fold escocés es un gato con un cuerpo y una cabeza bastante normales, pero con orejas que se pliegan hacia abajo y hacia delante, como la solapa del sobre de una tarjeta de cumpleaños. El gato tiene un aspecto muy mono, con la cara redonda y unos ojos grandes muy atractivos. ¿Qué tiene de malo? Una vez más, se podría argumentar simplemente que los gatos necesitan orejas que se levanten de forma normal para oír correctamente y comunicarse, y eso debería ser suficiente. Sin embargo, ese no es el mayor problema: las orejas se ven afectadas por una mutación genética que provoca debilidad en el cartílago, de ahí que no se mantengan erguidas y se plieguen, pero desgraciadamente, y no es de extrañar, no solo se ven afectadas las orejas, ya que el cartílago de las articulaciones —necesario para protegerlas y permitir que funcionen correctamente— también se ve afectado, lo que provoca otros daños, entre ellos artritis. Y si la oreja está afectada, también lo está el resto del cuerpo. Así pues, a cambio de ese aspecto tan apreciado, estos gatos corren un riesgo muy alto de sufrir dolor desde una edad temprana..., un precio muy alto por ser «tan mono». El gato, por ser gato, no cojeará, ni lloriqueará ni mostrará dolor, pero puede que no se mueva mucho y sufra en silencio. De hecho, las radiografías y el examen veterinario contarán algo muy distinto de lo que pueda parecer. Podéis visitar el sitio web de International Cat Care para comprobarlo por vosotros mismos.

Gato manx. La cola corta o ausente que define a esta raza está causada por una mutación que afecta a la columna vertebral. Las colas pueden tener distintos tamaños, desde una longitud normal hasta la ausencia total; entonces se la llama *muñón* o decimos que estamos ante un gato sin cola, para destacar lo corta que es. ¿Cuál es el problema de no tener cola? Se podría decir simplemente que un gato ha evolucionado para tener cola, y por lo tanto la tiene por una razón: la cola ayuda a mantener el equilibrio y sirve para comunicarse, razones más que suficientes para no querer criar gatos sin cola.

Pero la mutación que causa la pérdida o el acortamiento de la cola del manx también afecta a la columna vertebral, la médula espinal y los nervios. Esto da lugar a una forma de espina bífida, una anomalía del desarrollo de la columna vertebral que puede provocar problemas para controlar la micción y la defecación, y a veces también puede afectar al control de las patas traseras. ¿Cómo se ha convertido en el símbolo de la Isla de Man? Es de suponer que en algún momento fue común la presencia del gato sin cola, porque el gen responsable de la ausencia de la cola es un gen dominante y solo se necesita una copia del mismo para transmitir el defecto, es decir, solo es necesario que uno de los gatos apareados tenga el gen para que nazcan gatitos con cola corta o sin cola. De hecho, el gen es tan letal que si se aparean dos gatos sin cola, es probable que los gatitos mueran antes de nacer. Y aunque tengan una cola corta o parte de ella, el problema puede seguir presente, haciendo que las vértebras queden fusionadas. Algunos gatos manx también padecen artritis grave y dolorosa.

En la época en que se lo reconoció como un gato especial y se creyó que sería un buen símbolo para la Isla de Man, no se conocían ni la causa de la ausencia de la cola ni los problemas que comportaba. Pero sin duda ha llegado el momento de replantearse si deberíamos seguir transmitiendo estos problemas a propósito y que el cambio sirva de ejemplo para la búsqueda del bienestar de los animales.

Gatos persa y exótico. El tercer ejemplo, más que un problema aislado, refleja hasta dónde estamos dispuestos a llegar para conseguir el aspecto que, por alguna razón, pretendemos lograr. El gato persa y el exótico (básicamente, un persa de pelo corto) tienen la cara muy plana; es lo que se denomina *síndrome braquicefálico*. Antiguamente, el persa presentaba una cara normal y no tenía la nariz tan plana, pero, con el paso de los años, la cría de gatos con caras cada vez más planas ha llegado hasta el punto de hacer que la nariz quede al mismo nivel de los ojos y la cara sea casi cóncava. Hay gente a la que le gustaría que los rasgos de esas razas fueran menos extremos, lo que sería una cuestión de grados (que, en teoría, podrían revertirse), pero no hay duda de que cambiar la forma del cráneo produce un efecto grave.

Es el mismo problema que observamos en perros como los bulldogs y los carlinos, que viene acompañado de problemas similares asociados a los cambios —o quizá deberíamos decir distorsiones— en el tamaño y la forma del cráneo. Si cogemos un cráneo de gato normal hecho de arcilla blanda, lo ponemos mirando hacia delante y con los dedos empujamos la mandíbula inferior hacia arriba mientras empujamos la zona de la nariz hacia dentro, todo el cráneo se retuerce y cambia de forma. Los tejidos y las estructuras internas del cráneo (que tienen funciones muy específicas) tendrán que desplazarse o se aplastarán: esto es lo que ocurre cuando se cría a los gatos con características extremas. La mandíbula y los dientes se desplazan y pueden no funcionar correctamente, porque los dientes ya no están alineados en los maxilares superior e inferior. Muchas fotos que se ven por internet y se consideran graciosas porque son «feas» son de gatos con dientes que sobresalen en ángulos extraños o mandíbulas que están alineadas de una manera que les hace parecer enfadados o simplemente raros. Todo esto afecta a su alimentación y el aseo.

Pobres persas..., no solo el manto extralargo y la espesa capa de subpelo son incontrolables, sino que los fluidos que normalmente se producen para mantener el ojo húmedo no se distribuyen por todo el ojo sobresaliente (empujado hacia fuera y más expuesto, porque la cuenca del ojo es menos profunda), lo que puede provocar que los ojos se sequen y duelan. Nosotros también sabemos lo doloroso que es tener los ojos secos, que además son más propensos a sufrir daños y a la aparición de úlceras, que sin duda son extremadamente dolorosas. Las glándulas siguen produciendo fluidos hidratantes y lubricantes, pero los conductos que normalmente se llevan el fluido después de haber mantenido húmedo el ojo se derraman sobre la cara, porque están distorsionados por la torsión que ha sufrido el cráneo para darle a la cara esa forma plana. Por eso veremos pelo manchado en la cara de muchos gatos de cara plana, y esa humedad también puede provocar infecciones cutáneas entre los pliegues. Pensad en un gato que no sea de raza (que se limpia enseguida si se le ensucia el manto o la cara):

cuando el pelo se le humedece o se pone pegajoso, se ocupa de ello inmediatamente (en el capítulo 1 vimos lo sensible que es el pelaje del gato).

Si a esto añadimos que la mandíbula de los gatos braquicéfalos suele estar malformada debido a los cambios en la forma del cráneo, el aseo (y hasta comer) puede resultar más difícil. Se dice que los gatos persas son bastante plácidos, lo que puede deberse a su cría, pero no puedo dejar de pensar que, de alguna manera, se ven obligados a suprimir parte de la respuesta normal que reciben de los sensores de la piel que les indican que el pelo está mojado o enredado, y tienen que soportar que la gente les limpie la cara y los ojos. Pienso en la reacción de mis hijos cuando les limpiaba la cara de pequeños: no los impresionaba, pero intentaban agacharse y escabullirse para evitarlo. Imagino que a los gatos les ocurre algo parecido. No será difícil limpiar a todos los gatos, ¡pero sé lo que les parecería a los míos! Cuando somos nosotros los que controlamos el aspecto de un gato y eso afecta a cómo se siente, querremos lo mejor para ellos, ¿no? Un buen acicalamiento es necesario y forma parte de la autonomía del gato. Deberíamos reconocerlo, aceptarlo y hacer que los gatos que criamos puedan acicalarse por sí mismos.

Se trata de problemas físicos que provocamos por buscar rasgos extremos y novedad, pero también hay problemas hereditarios que afectan a la salud y que no son visibles desde el exterior. Un patrimonio genético reducido puede hacer que algunos defectos hereditarios, como problemas cardiacos, renales y otras enfermedades causantes de mala salud, se transmitan fácilmente a todos los gatos. Dado que muchos de ellos se hallan estrechamente emparentados, cualquier enfermedad hereditaria puede propagarse dentro de una raza, y si no se manifiesta de forma obvia antes de que los gatitos sean independientes, se propaga aún más. Por ejemplo, la poliquistosis renal y la miocardiopatía hipertrófica, entre muchas otras, son enfermedades hereditarias que no vemos desde el exterior. Las buenas asociaciones de criadores de raza se darán cuenta, investigarán y tratarán de resolver estos problemas cambiando las políticas de cría y trabajando con científicos para desarrollar pruebas y luego trabajar para prevenirlas si es posible (pero no siempre es fácil si el modo de herencia es complejo). Por desgracia, hay algunas personas que no están dispuestas a poner en peligro las líneas de gatos que han desarrollado durante muchos años porque se presente un problema, y se puede entender, pero el bienestar de los animales debe tener prioridad.

¿Debemos conservar todas las razas?

Hay algo en la creación de una raza que hace que la gente piense que ocupa un lugar especial, que debe protegerse y no debe eliminarse. Muchos de los motivos que se dan para que no se pierda una raza se basan en que son tradicionales o han llegado a representar a alguna zona o país. Sin embargo, los investigadores han estudiado la genética de las razas y, de las cerca de cincuenta razas de gatos reconocidas, solo dieciséis son razas que aparecieron en países o regiones concretas porque los gatos se criaban juntos y tenían un aspecto similar, es decir, formaban parte de la historia de ese lugar, mientras que las demás se han desarrollado más o menos en los últimos cincuenta años.

El aspecto de algunos gatos se desarrolló originalmente en un lugar aislado en el que ciertas características se hicieron comunes a todos los gatos a medida que se apareaban entre sí, lo cual es un ejemplo de un acervo limitado de genes de origen natural. Pero muchas de estas «razas» han sido modificadas y desarrolladas mediante la cría, y pueden distar ya mucho de la original. Por ejemplo, los gatos siameses y de Angora se desarrollaron aislados de otros grupos dando lugar a la base de los gatos que conocemos hoy en día, pero posteriormente se han introducido más cambios mediante la cría selectiva para producir variedades de color y cambios en la forma del cuerpo. Otro ejemplo es el gato manx, de la Isla de Man, que evolucionó hasta no tener cola o presentar una cola muy corta (véanse las páginas 204 y 205). El maine coon y el gato de bosque de Noruega son el resultado natural de una mezcla de gatos que por diversos medios llegaron a la Costa Este de Estados Unidos y a Noruega. Presentan un pelaje largo debido al clima, pero posteriormente se desarrollaron a través de una cría controlada hasta convertirse en razas.

Otras razas se originaron y desarrollaron a partir de un gato que había nacido accidentalmente con una anomalía genética (como patas cortas, orejas dobladas o ausencia de pelaje). Ejemplos de ello son el rex, con su escaso pelaje rizado; el esfinge, sin pelo, y el munchkin, de patas cortas. Si esa nueva característica no causa ningún daño, no pasa nada, pero si esa alteración conlleva problemas de salud o dificulta la vida del gato, deberíamos replanteárnoslo. ¿De verdad debemos aprovechar esas mutaciones y convertirlas en «razas» solo porque son distintas?

Otra forma de crear una raza es coger otras, con sus características específicas, y unirlas para producir una nueva a la que se le da un nombre. El gato somalí, por ejemplo, se creó de este modo, introduciéndole un gen de pelo largo al abisinio. En este caso parece que se hizo cuidadosamente y de forma meditada, y no ha comportado ningún problema. Como decíamos, la creación de una raza puede hacerse bien, eligiendo atentamente razas que no presenten ningún problema, y sin embargo muchas veces se hace buscando características más «interesantes», como la ausencia de pelo o las patas cortas, que ya representan problemas en sí mismas.

Los buenos criadores conocen las razas con las que trabajan y tratan de controlar los complejos aspectos de la genética para salvaguardar la salud de los gatos. Pero también hay quienes eligen las características externas sin saber cómo se combinarán ni lo que significará para los gatos, con lo que terminan creando una combinación de características que desembocan en la aparición de muchos problemas. Un ejemplo es el gato elfo, que combina las patas cortas del munchkin, la ausencia de pelo del esfinge y las orejas dobladas hacia atrás del curl americano.

Los orígenes y los nombres de las razas se contradicen. Se le suele dar mucha importancia a la historia y los orígenes de las razas que se protegen y prefieren, y se habla mucho en su defensa, sosteniendo que no se debe modificar ni perder una raza de un lugar específico o cierto origen histórico. Sin embargo, investigadores que han analizado el ADN de gatos de todo el mundo han descubierto recientemente que los gatos proceden en general de cuatro zonas: diversas regiones de Europa, la cuenca mediterránea, África oriental y Asia. Sus estudios revelaron que los gatos mestizos de América eran similares a los mestizos de Europa occidental; que algunas razas americanas, como el maine coon y el gato americano de pelo corto, eran genéticamente similares a las razas europeas occidentales —lo que sugiere que son descendientes de gatos que los colonos europeos llevaron a América—, y que los gatos persas, que toman su nombre de una región asiática, en realidad estaban más estrechamente relacionados con los mestizos de Europa occidental de lo que sugiere su nombre, que parece más exótico. Así pues, la identidad geográfica de los nombres de las razas felinas puede tener muy poco que ver con lo que realmente dicen sus genes, y no debería ser motivo para dejar de cuestionar el bienestar de los gatos.

Preguntas sobre su bienestar

Por alguna razón, parece que se cuestionan muy poco los tamaños, las formas y los estilos de los animales que se crían para que los tengamos como mascotas. En este mundo en el que se cuestionan tantas cosas, la cría de ciertas razas de perros y gatos parece ser aceptada o incluso aplaudida por su novedad. ¿Será porque vemos a los criadores como creadores, porque las razas se defienden casi inmediatamente al definirlas y darles un nombre, o porque nos gusta lo que se ha creado y esto hace que apenas nos planteemos las implicaciones que pueda tener para el bienestar de los animales?

Hay muchos criadores responsables que crían gatos sanos tanto física como mentalmente, adecuados para ser mascotas. Además, como veremos a continuación, incluso pueden mejorar la convivencia doméstica al elegir gatos que se estresan menos con nosotros y darles una buena socialización temprana. Como hemos visto, hay gatos sanos con un color de ojos y un pelaje preciosos. Pero si existe la más mínima posibilidad de que los cambios (a menudo causados por una mutación genética) comprometan la salud o el bienestar del animal, habría que plantearse ciertas preguntas, y los amantes de los gatos deberían exigir que no prolifere la nueva raza. Tanto los cambios directos como los que surgen accidentalmente han de tenerse en cuenta a la hora de proteger la salud y el bienestar continuados del conjunto de gatos que constituyen una raza.

Los criadores tienen que aceptar la responsabilidad de la cría de gatos con ciertas características y los compradores tienen que ser conscientes de que están creando una demanda que será satisfecha: ambos deben anteponer el bienestar de los gatos a las posibles ganancias o a la creación o posesión de algo nuevo o diferente. La regla debe ser no dañar con modificaciones lo que ya era un diseño bastante perfecto desde el principio, lo cual no es difícil de admitir.

Gatos híbridos

Tenemos unos colores y patrones de pelaje preciosos en nuestros gatos domésticos, y los criadores tienen mucha experiencia en su creación y desarrollo. Pero a veces ni siquiera esto es suficiente, pues hay quienes desean ir más allá e incorporar características propias del pelaje de los gatos monteses. Por otra parte, también existe el deseo de crear un tipo diferente de gato para originar y satisfacer la curiosidad de vivir con un tipo de animal más salvaje. Para conseguirlo, tienen que cruzar gatos salvajes con gatos domésticos... ¡Ya os estoy viendo levantar las cejas! Pero ¿eso se puede hacer? Pues la respuesta es que, en algunos casos, sí, pero no sin inconvenientes. Para este tipo de cría de lo que llamamos gatos híbridos se han utilizado varios tipos de gatos salvajes. La raza bengalí es el resultado del cruce de nuestros gatos domésticos con gatos leopardo asiáticos, que tienen aproximadamente el mismo tamaño que los domésticos pero son mucho más tímidos, ya que son criaturas solitarias y probablemente muy territoriales. La raza resultante parece comportarse bien con las personas, es lista y curiosa, pero algunos gatos tienen fama de ser muy territoriales y agresivos con otros gatos de la zona, a los que a veces aterrorizan y hieren. De hecho, ya ha ocurrido las suficientes veces como para que el gato bengalí se haya ganado esa fama.

La raza savannah es el resultado del cruce de un gato doméstico y un serval (un gato salvaje de mayor tamaño). Preocupa el bienestar de las gatas domésticas utilizadas en estos cruces: aunque parecen llevarse en secreto, ya hay noticias de lesiones e incluso muertes de gatas utilizadas para aparearse con machos serval. Los tiempos de gestación también difieren entre los gatos salvajes y los domésticos, lo que puede afectar a los gatitos y a la madre. Incluso cuando se aparean nuestros gatos domésticos, los criadores tienen que introducir a los gatos con cuidado y asegurarse de que no haya lesiones, lo que se agrava aún más al tratarse de especies diferentes. Y cuando el gato salvaje macho es mucho más grande que la gata doméstica, existe la posibilidad de que se produzca un desastre. Preocupa asimismo el bienestar de los gatos salvajes y los de los cruces F1 (los gatitos de la primera filial o generación), que deben mantenerse en cautividad.

Para tener a estos gatos, en el Reino Unido se necesita una licencia para la tenencia de animales salvajes peligrosos, pero esta medida se refiere a la seguridad de las personas y no cubre el bienestar del animal ni de qué forma se tienen en casa.*

* El primer cruce entre serval y gata doméstica se produjo en 1986. Estos gatos, como hemos visto denominados *savannah*, pueden alcanzar hasta los veinte mil euros de precio. En España, tenerlo como mascota está sujeto a duras restricciones (tener una autorización de acuerdo al Conve-

También existe preocupación tanto por los nuevos dueños como por los gatos híbridos de generaciones posteriores que pueden venderse como mascotas, debido a la incertidumbre sobre el comportamiento y las necesidades de los gatos híbridos. El deseo de algo diferente o de ser la primera persona en «crear» una nueva raza hace que se esté probando con otras razas de gatos salvajes.

Siempre habrá demanda de animales de raza porque nos gusta tener para elegir al comprar y con quién identificarnos, y a algunos criadores (no a todos) les gusta hacer algo nuevo o diferente, por lo que quieren adaptar y cambiar estos animales para que se ajusten a sus preferencias.

Si a pesar de las mejores intenciones de los buenos criadores y de los dueños se hace evidente la existencia de un problema que no se había visto inicialmente en una raza, los cuidadores deben hacer las modificaciones necesarias para devolverle la salud, lo que incluye cambiar el estándar de la raza o introducir nuevas líneas de gatos (con el asesoramiento adecuado) sin demora.

Pero si los cambios introducidos no suponen ningún daño para el animal, no hay problema, y, como hemos dicho, cuando están bien hechos pueden dar como resultado gatos más amigables y menos estresados por estar en nuestras casas y convivir con nosotros.

Tengo sentimientos encontrados sobre la cría de gatos. Hace muchos años tuve unos siameses y realmente disfruté con sus caracteres y sus ganas de interactuar, y conozco a muchas personas que adoran a sus gatos de raza. Pero lo que no

---

nio sobre el Comercio Internacional de Especies Amenazadas de Fauna y Flora Silvestre y cumplir la normativa establecida). *(N. de la e.).*

me gusta tanto es la sensación de que, en comparación con los mestizos criados al azar, los gatos de raza son de alguna manera superiores, muchas veces solo porque sus dueños han pagado una gran suma de dinero por ellos. No deberíamos considerar a ningún gato mejor que otro, sino simplemente diferente. El hecho de que paguemos mucho por estos gatitos de raza no significa que sean más importantes o mejores que los mestizos.

Cuando las mejores intenciones pueden salir mal

Hay un trabajo ingente por hacer para ayudar a los gatos sin dueño. Son de admirar las personas que trabajan en la búsqueda de soluciones para ellos. No es nada fácil. Hay una gran necesidad, pero los recursos de tiempo y dinero son muy limitados. Y es muy complejo. Como vimos en el capítulo 2, un gato no es una cosa, y se necesitarán diferentes soluciones para adaptarse a diferentes gatos. Si se hace bien, se puede ayudar a muchos gatos a tener una vida más feliz y saludable, algunos viviendo con personas. Pero, como ya hemos admitido, las motivaciones humanas pueden ser complejas, basarse en la ignorancia o la negación, y estar impulsadas por las necesidades humanas más que por las necesidades del gato. Intentar ayudar a los gatos puede desembocar en una situación descontrolada a menos que seamos pragmáticos y realistas: los problemas son un saco sin fondo, pero los recursos no.

Tras haber reflexionado mucho con mis compañeros sobre este tema cuando trabajaba en International Cat Care, entiendo lo complicado que puede llegar a ser. Los retos son enormes, y aunque muchos piensan que se trata simplemente de recoger gatos y encontrarles un nuevo hogar, la cuestión tiene muchos más matices. Puede empezar de una forma bastante sencilla, pero, a menos que se controle, puede ocurrir que se «rescaten» gatos y luego se los mantenga confinados en jaulas durante mucho tiempo, sin saber si esos gatos en concreto podrán siquiera vivir con personas, mientras se les siguen buscando hogares tradicionales. Esta situación puede dar lugar a que haya demasiados gatos de los que ocuparse y desembocar en situaciones de hacinamiento en las que el número de gatos desborde a las personas que intentan ayudarlos, lo que podría provocar cuidados deficientes o una negligencia extrema. Mantener a un gato durante mucho tiempo en una jaula, porque se cree que es más seguro para él que estar en la calle, no mejora su bienestar.

Los centros de acogida o adopción pretenden lo que su nombre indica: buscar un nuevo hogar para los gatos. Si solo hubiera unos pocos gatos que acoger, quizá sería factible esperar hasta que apareciera el hogar perfecto, pero eso es un lujo que rara vez se da y hay que tomar una decisión pragmática que no se base en preferencias o prejuicios personales, sino en si el gato estaría mejor en una casa, fuera de un entorno de hacinamiento que puede provocar estrés y un mayor riesgo de enfermedad. Hay que pensar detenidamente en el bienestar de cada gato y encontrar una solución que tenga en cuenta sus necesidades y el tipo de vida en el que se asentaría mejor, ya sea en un hogar como mascota, en una colonia de gatos callejeros esterilizados al cargo de cuidadores, en una caseta o refugio en un jardín, en una granja, etcétera. Podemos hacer bien las cosas si reflexionamos, explicamos las necesidades de los gatos a los demás y mantenemos al mínimo el confinamiento, que es muy estresante para los gatos. Sentirse abrumado por el número de gatos, la necesidad de fondos o el trabajo incesante, o hacerlo mal, incluso con la mejor intención, puede llevar al maltrato, por más que no sea intencionado.

¿Los gatos pueden darnos apoyo emocional?

Al domesticar a los animales, el ser humano ha empezado a cuidarlos; y al mismo tiempo, los animales de compañía se han convertido en una fuente de apoyo para sus dueños, puesto que mejoran su día a día y los ayudan a afrontar situaciones estresantes. Se ha afirmado que los gatos son una fuente de apoyo emocional para algunos dueños, aunque solo sea porque los escuchan sin juzgar. También se cree que mejoran el estado de ánimo general de sus dueños porque alivian sus actitudes negativas y hacen que se sientan menos deprimidos o solos gracias a su compañía, y por darles algo de lo que ocuparse y alguien a quien cuidar. Tener un gato también se asocia a un menor riesgo de infartos de miocardio y accidentes cerebrovasculares. Pero los seres humanos tenemos necesidades y personalidades diferentes y, como hemos visto antes, en algunas investigaciones las personas que puntuaban alto en inestabilidad emocional también recurrían a sus gatos en busca de apoyo.

Los animales de apoyo emocional (AAE) suelen ser noticia últimamente, muchas veces porque la gente exige poder llevar animales a cualquier parte por ser su apoyo emocional. Sabemos que las mascotas ayudaron a muchos a sobrellevar las restricciones de movimiento e interacción impuestas por el confinamiento debido a la pandemia de COVID-19. Las mascotas también son beneficiosas para quienes padecen problemas de salud mental, según parece, por su capacidad de calmarlos y proporcionarles compañía, reduciendo la ansiedad y convirtiéndose en alguien a quien cuidar que las distrae de sus síntomas, al tiempo que fomentan los pensamientos positivos de los dueños sobre sí mismos. Más allá de la pandemia, los estudios han sugerido que tener un animal puede aumentar la interacción social y el ejercicio, aunque sospecho que se trata de estudios sobre perros —es habitual que los demás reaccionen e interactúen si tenemos un perro durante los paseos—, mientras que tener un gato es algo más personal. Diversas investigaciones realizadas a lo largo de los años han demostrado que las interacciones con animales de compañía pueden disminuir la presión arterial, aumentar los niveles de oxitocina (hormona asociada a los lazos afectivos) y ayudar con algunos de los síntomas asociados a la demencia y la enfermedad de Alzheimer.

Cuando estaba investigando sobre los animales de apoyo emocional encontré la foto de una chica que tenía un conejo en su regazo, y en la leyenda decía: «Animal de apoyo emocional tranquilizando a una estudiante universitaria». Daba la impresión de que se trataba únicamente de las necesidades de la persona, y no de las del conejo, que por supuesto no era consciente de que estuviera «tranquilizando» a nadie. ¿Lo habían llevado a la universidad con esa chica o solo era un animal de compañía que estaba en su casa y se sentía cómodo al estar con ella? Espero que fuera lo segundo.

En Estados Unidos, los animales de apoyo emocional han sido reconocidos y pueden ser recetados por profesionales de la salud mental porque la presencia de un animal es fundamental para que las personas puedan funcionar con normalidad y afrontar la situación (en el Reino Unido, los animales de apoyo emocional no tienen el reconocimiento legal que tienen los perros de asistencia). Suelen ser mascotas que ayudan a mitigar los efectos del estado de salud física o mental de su dueño gracias a los beneficios cotidianos de la interacción que se produce entre el ser humano y el animal. A estos animales no se les adiestra, sino que se tienen como mascotas y son diferentes de los perros de asistencia, que se adiestran para ayudar a los dueños, como los perros guía para ciegos o los perros de terapia para personas con discapacidad. Es muy probable que los dueños lleven a sus animales de asistencia emocional con ellos a todas partes, pero puede que esto no sea bueno para el bienestar del animal. A los animales de asistencia se los cría y entrena para que sepan que saldrán al mundo con sus dueños, y en este campo se está tomando cada vez más conciencia de lo difícil o estresante que puede ser para estos animales hacer ciertas cosas y se están tomado medidas para minimizar dichas dificultades. Esto podría ser un buen ejemplo de un uso que no es abuso. Así pues, podemos reconocer que los perros ayudan a la gente y que en general es algo bueno.

Sin embargo, yo diría que existe una presión adicional sobre los animales como los gatos, que pueden adaptarse (aunque quizá no tanto) hasta el punto de convertirse en el centro de apoyo de la salud mental de su dueño. De hecho, si bien no se los llama animales de apoyo emocional, puede que, en su día a día, los gatos no disfruten siendo el punto central y constante para sus dueños y sus sentimientos. Así, por ejemplo, salir de casa con una persona puede ser muy estresante para un gato, que además ni sabrá ni entenderá que él está ahí para dar apoyo a esa persona. Si habéis seguido todo lo que hemos dicho sobre lo que es un gato y su preferencia por iniciar una interacción en lugar de reaccionar a ella, os daréis cuenta de que no se trata de un papel adecuado para él.

Las personas desean mantener una relación estrecha con

sus mascotas, y a veces la necesidad de cercanía, control y apoyo emocional en la vida cotidiana puede llegar a ser estresante para los gatos, que en consecuencia podrían intentar mantener a raya a las personas y recuperar el control (algo fundamental para una especie que ha evolucionado para ser autosuficiente y que puede no tener la suficiente flexibilidad social como para ser capaz de hacer frente a las intensas demandas humanas). En estos casos se habla de *comportamientos problemáticos*, pero con ello simplemente dejamos clara nuestra incapacidad para reconocer que los gatos tienen necesidades diferentes de las nuestras.

Llevamos unos treinta años esforzándonos por demostrar que los animales de compañía son buenos para nosotros y nuestra salud con la esperanza de que así se los acepte mejor, facilitando información al objeto de defenderlos frente a personas que no aprecian lo que es tener una mascota o aducen molestias para lograr el control de la situación. No cabe duda de que nuestras mascotas suelen hacernos sentir bien y que los perros pueden ayudar a las personas ciegas, con discapacidad o en determinadas situaciones médicas. Sin embargo, puede que nos hayamos concentrado tanto en encontrar razones para tener mascotas que ya apenas pensemos en ellas: hablamos de los animales de apoyo emocional, pero quizá sin pensar en el propio animal. ¿Por qué tenemos que decir que los perros o los gatos son buenos para nuestra salud o bienestar para defender el hecho de tenerlos? Tenemos animales de compañía porque queremos que lo sean. Sin embargo, aunque las motivaciones pueden ser sinceras, a veces los resultados son negativos para el bienestar de los gatos, lo queramos o no. Deseamos tener un vínculo con los gatos, pero tenemos la responsabilidad de garantizar que esa relación sea buena para su bienestar. Tenemos que ser sinceros y entender cuáles son las necesidades de los gatos y las necesidades humanas, y hacer que ambas converjan en la medida de lo posible. Y solo podremos hacerlo adoptando un enfoque práctico, orientado al bienestar de ambos; un enfoque que se base en la comprensión de los gatos y de las complejidades de la condición humana.

CAPÍTULO 8

Cómo hablar con nuestro gato

Podría decirse que cuando pensamos en los gatos como «mascotas» les hacemos un flaco favor porque olvidamos de dónde vienen, lo increíbles que son con sus sistemas sensoriales dotados de fuertes impulsos ocultos y lo fascinante que es que tengan la capacidad de adaptarse a nosotros y enriquecer nuestras vidas. Es como si pensáramos que están en este mundo para ser mascotas, olvidando que se han adaptado de una forma asombrosa a vivir a nuestro lado y que son ellos los que deciden quedarse voluntariamente en nuestros hogares. Si pensamos en todos los gatos que pueden entrar y salir de casa, es fantástico que vuelvan todos los días, que quieran estar e interactuar con nosotros y que sean capaces de encajar en nuestra vida con tanta facilidad.

Convivimos con una criatura que no dista mucho de ser un animal salvaje, pero que es capaz de establecer un vínculo con nosotros y ha aprendido a comunicar lo que quiere si lo escuchamos. Teniendo todo esto en cuenta, ¿cómo podemos detectar pistas menos emocionales del cuerpo y la mente, y usarlas para pensar en cómo les hablamos a nuestros gatos y cómo nos hablan ellos a nosotros? Ahora veremos de qué modo podemos centrarnos en nuestros gatos para sacar ideas sobre cómo podemos tratarlos, mientras que en el capítulo final veremos unas cuantas situaciones de la vida real. En él relataré algunos comportamientos de mis gatos para explicar cómo he ido captando cosas de ellos (¡o lo que he conseguido notar!) y lo diferentes o individuales que pueden ser sus reacciones.

Por qué los gatos no son obedientes

Una de las cosas que suele decir la gente a la que no le gustan los gatos es que no hacen lo que se les dice y que no son obedientes ni leales como los perros. ¿Cómo reaccionan los gatos a nuestros intentos de comunicarnos con ellos? ¿Saben, al menos, que estamos intentando reclamar su atención cuando los llamamos por su nombre? Según un estudio que se ha llevado a cabo en Japón hace poco, los gatos parecen ser capaces de distinguir que se está pronunciando su nombre en lugar de otras palabras, y que no importa si es su dueño o un desconocido el que habla. El estudio se basó en las reacciones de los gatos domésticos y en pequeñas diferencias en las respuestas de los gatos, como el movimiento de las orejas, la cabeza, la cola o la vocalización. Por supuesto, en una investigación se debe examinar de forma muy controlada cada factor de comportamiento y tratar de vincular causa y efecto; de lo contrario, es imposible averiguar a qué reacciona el gato. Los gatos parecen sensibles a los estados de ánimo o las emociones de su dueño, y distinguen la voz de este de la de un desconocido, por lo que pueden reconocer las señales faciales, vocales y de lenguaje corporal de las personas. Su capacidad para entender a las personas no parece ser tan buena como la de los perros, lo cual no es de extrañar teniendo en cuenta la forma en que las personas y los perros necesitan vivir: rodeados de sus congéneres. Los perros son capaces de distinguir diferentes palabras humanas y distintos tonos de voz, que van desde el enfadado hasta la alegría, pero gran parte de la investigación se basa en que los perros sigan órdenes o recuperen objetos, para lo que hay que entrenarlos antes de realizar el experimento. Pero todavía no se ha trabajado mucho con gatos, de modo que aún queda mucho por descubrir.

En la vida real podemos utilizar el nombre del gato, pero también añadir otros sonidos, como una aspiración aguda a través de los labios produciendo un ruido parecido al de un beso. Muchos les ponemos varios nombres o apodos diferentes, y las distintas personas de la casa hasta podrían usar nombres distintos. Muchas veces utilizamos un tono de voz especial para ellos o una voz más aguda, porque así los animales se dan cuenta de que nos estamos dirigiendo a ellos. Uno de los investigadores afirmó: «El gato no ha evolucionado para responder a las señales humanas, sino que se comunica con los humanos cuando quiere. Así es el gato» Pero no estoy del todo de acuerdo. Nuestros gatos no evolucionaron para captar las señales humanas, pero lo hacen: saben cuándo nos estamos preparando para salir, cuándo vamos al armario de la comida, cuándo queremos cogerlos para meterlos en un transportín o cuándo queremos darles la medicación... ¡aunque intentemos actuar de forma natural!

Y aún más interesante es la forma en que reaccionan a nuestra llamada. En muchos casos, los gatos responden viniendo o prestándonos atención porque la llamada puede estar relacionada con algo bueno que está ocurriendo, porque sienten curiosidad o porque les gusta recibir nuestra atención. Se les da muy bien captar nuestras señales: ¡así es como han aprendido a conseguir que hagamos lo que ellos quieren! Esperamos que los perros sean obedientes y vengan cuando se lo pedimos (o exigimos). ¿Por qué queremos que nuestros animales sean obedientes? Desde luego, hay que controlar a los perros porque pueden ser peligrosos para los demás, y en casi todos los países sus dueños son responsables de sus acciones. Pero nuestros gatos no son un peligro y no tenemos que protegernos de ellos. Entonces, ¿por qué deberíamos esperar que hagan lo que les pedimos?

La obediencia es un concepto muy humano. ¿Por qué hacemos lo que se nos pide? Actuamos cuando nos lo piden porque queremos, porque creemos que debemos hacerlo, porque nos sentiríamos culpables si no lo hiciéramos, porque queremos complacer a alguien o porque tenemos miedo de no hacerlo. Entendemos las consecuencias de no actuar si nos lo piden. Existe una necesidad inherente a las personas (o a los perros) de obedecer en la forma en que lo hacemos porque tenemos la necesidad innata de formar parte de un grupo, y eso hace que la vida sea bastante compleja. La cooperación y la compañía forman parte de nuestra supervivencia porque al pertenecer a un grupo encontramos apoyo y seguridad. Esto requiere que los individuos comprendan, se comuniquen y estén dispuestos a transigir y encajar con otros individuos o dentro de una dinámica de grupo y a tener empatía con los demás; y al mismo tiempo hace que nos sintamos solos o excluidos si en nosotros hay algo que nos haga ser diferentes de lo que se considera aceptable para el grupo. Y como somos tribales, exigimos lealtad a determinadas creencias o clanes.

Valoramos la lealtad de nuestros perros cuando muestran

preferencia por nosotros, pero en todo esto hay muchos aspectos que no tienen nada que ver con los gatos. Adaptarse requiere compromiso y dejarse guiar por los demás. Pero el gato no es testarudo, desafiante o desobediente si no hace lo que le pedimos. Hasta se podría decir que tiene más libre albedrío que un perro, no solo en su forma de ser, sino en sus procesos de pensamiento, porque no hay presión a la hora de obedecer. Un gato, al haber evolucionado a partir de un antepasado que muy probablemente vivía en solitario y no cooperaba ni para cazar ni para defenderse, no tiene estas necesidades innatas ni la capacidad de adaptarse. Se podría argumentar que la vida en grupo de algunos gatos (cuando los recursos son suficientes) implica que tienen que colaborar de alguna manera, y de hecho el cuidado de los gatitos puede ser compartido, pero no hay cooperación en la caza ni en el reparto de la comida. Tiene que haber una recompensa —o, como mínimo, menos aspectos negativos— por vivir en grupo, así que de alguna manera los gatos se dan cuenta, pero pueden retomar su vida solitaria sin ninguna preocupación aparente.

Un gato no se siente «culpable» si no hace lo que parece que le pedimos, y si hace algo con nosotros es porque quiere, no porque sienta que tiene que hacerlo. Partiendo de esta base, los gatos han sido lo suficientemente inteligentes como para encontrar la forma de decirnos lo que quieren, y a los gatos que han tenido una buena socialización temprana, definitivamente les gusta estar con nosotros. Con todo, en nuestra relación con los gatos tenemos que ser los que damos, en lugar de ser los que reciben, puesto que nosotros hemos evolucionado para poder hacerlo y ellos no. A menudo, se tilda a los gatos de «egoístas» y «aprovechados», pero dados los instrumentos con los que cuentan, la convivencia con nosotros se les da mejor que en muchos casos de convivencia entre personas o entre perros y personas.

Teniendo todo esto en cuenta, ¿cómo podemos fomentar la relación con nuestros gatos (probablemente por nuestras necesidades más que por las suyas) y convencerlos para que quieran estar con nosotros?

Dejar que los gatos tomen la iniciativa

Parece que, en vez de imponernos, es mejor dejar que nuestros gatos nos digan lo que quieren: así podremos reaccionar y crear una relación en la que el gato se sienta cómodo y no se ponga a la defensiva porque somos demasiado exigentes; hemos de tener en cuenta que los gatos no entienden nuestra intención —que nuestro objetivo es una relación más cercana—, sino solo lo que les pasa. Alguien dijo una vez que los gatos son pesimistas: ¡creen que cualquier situación podría matarlos! Para ser justos, al tratarse de un animal pequeño que puede ser tanto depredador como presa, lo cierto es que tiene sentido. Esta es la idea: reacciona rápido, busca un lugar seguro y podrás sentirte orgulloso, con la tranquilidad de haber salvado la vida y de que harás lo mismo si la situación se repite.

Si tenéis un gato al que le encanta estar con vosotros, que reacciona positivamente al contacto físico y hasta os exige más atención, tal vez os estaréis preguntando a qué viene todo esto. Pero no todo el mundo tiene un gato así. Hay muchos gatos más ansiosos o que simplemente son más neutrales en cuanto a la relación y viven felices con nosotros sin participar demasiado de los mimos o besos que tanto nos gustan físicamente, y que les damos como señal de que los queremos.

FOMENTAR LA INTERACCIÓN

La comunicación es un proceso bidireccional. Si ni miro ni escucho, no sabré cómo responder, y si no transmito la idea que quiero comunicar, los demás no responderán. ¿Cómo respondemos nosotros a las señales de comunicación de los gatos? ¿Nos damos cuenta de que están intentando decirnos algo? Podríamos pensar que ya deberíamos saberlo y que los investigadores tendrían que ser capaces de decirnos mucho más. Sin embargo, conforme vamos entendiendo cuáles son las complejidades de emprender una investigación de este tipo, intentando aislar la causa y el efecto, e interpretar lo que vemos, también nos vamos dando cuenta de que todos los aspectos del conocimiento y de la comprensión de los que hemos hablado no son más que el primer paso, pues somos nosotros los que tendremos que mirarnos, escucharnos y observarnos más atentamente (sin centrarnos demasiado en los gatos ni mirarlos fijamente, porque ya sabemos que no les gusta) y darnos cuenta de lo que ocurre en cada situación. Tenemos que pensar como un espía o un detective: ser lo más sutiles posible a la hora de recopilar información e intentar no influir en el resultado.

Aprender cosas sobre nuestro gato puede suponer un esfuerzo, pero nos ayudará a verlo de otra manera, a apreciarlo más y a tratarlo mejor. Observad lo que pasa cuando respondéis de distintas formas. Puede que ya estemos contentos con el modo en que vemos a nuestro gato porque así podemos interpretar su comportamiento como a nosotros nos gusta, demostrándole nuestro cariño como nosotros queramos, e ignorar las señales con las que nos dice que no se siente demasiado cómodo. ¡Esa es la complejidad del ser humano!

La cara del gato no da muchas pistas: tiene unas orejas muy móviles, unos ojos que pueden darnos algunas señales y unos bigotes que son más móviles de lo que parece a primera vista. Se espera que casi nadie vea a su gato en situaciones tan extremas como para hacerlo silbar o bufar, por lo que puede ser difícil interpretarlo en el día a día cuando no expresa gran cosa con la cara. Pero en una relación duradera tenemos tiempo para observar y reconocer las sutilezas y reaccionar de un modo en el que nuestro gato pueda decirnos algo más.

Aprovecho para recordar que la diversidad de comportamientos observados en los gatos de compañía en respuesta al contacto físico con las personas también puede verse dentro de un rango, tal y como se recoge en el maravilloso diagrama elaborado por International Cat Care del capítulo 4 (página 120). Los dueños reconocerán muchos de estos comportamientos en sus gatos; a mí me encanta la ilustración de «tolerancia», y sonrío cada vez que la veo. ¡La reconozco en mis gatos cuando soy yo la que quiere acariciarlos sin que ellos se lo hayan buscado! Un gato puede mostrar todos esos comportamientos en diferentes momentos y situaciones. Algunos solo mostrarán algunas de las reacciones en sus relaciones con las personas porque no cuentan con las experiencias tempranas adecuadas para llegar al «disfrute» y es más probable que se encuentren en los extremos de «evitación» o «protección». Por otra parte, el gato también puede desarrollar sus propias formas de comunicación con su dueño a lo largo de los años de convivencia.

A veces, la forma en que los gatos se sientan o se tumban también puede darnos pistas sobre cómo se sienten. Si tiene las patas delanteras metidas por debajo, dobladas una hacia la otra o dobladas hacia atrás con las almohadillas hacia arriba por debajo del pecho, es probable que se sienta relajado y tranquilo. En cambio, si tiene las patas por debajo del cuerpo pero las almohadillas están firmemente apoyadas en el suelo, es probable que se sienta ansioso, con las patas preparadas para moverse si tuviera que hacerlo. Un ejemplo sería cuando un perro desconocido entra en casa y el gato está sentado en alto, observando, vigilando, intranquilo, listo para huir si fuera necesario.

Responder a los sonidos de nuestros gatos

Este libro se titula *Cómo hablar con tu gato*. Lo cierto es que, como seres humanos, nos centramos mucho en la comunicación oral: ¡no se nos da nada bien el lenguaje corporal, ni siquiera cuando se trata de nuestra propia especie!

El ronroneo estimulante

¿Qué hay más gatuno que un ronroneo? Como somos seres bastante egoístas y creemos que el mundo gira a nuestro alrededor, a menudo suponemos que nuestros gatos ronronean por algo que hacemos, en reacción a nuestros actos. Si os acordáis, ya hemos visto que las gatas y sus gatitos ronronean cuando están juntos para estimular la alimentación y decirse que todo va bien; y el ronroneo continúa en la edad adulta: los gatos adultos suelen ronronear cuando están cerca o se tocan, como cuando uno acicala al otro, cuando juegan con un juguete o cuando comen. Aunque también pueden ronronear cuando están solos, suelen hacerlo en compañía, como una forma de pedir cuidados, comida o caricias, o para indicar que están disfrutando de la interacción con otro animal o con un ser humano. Y también pueden utilizar el ronroneo para animarnos a hacer cosas o para seguir haciéndolas.

Los gatos pueden emitir varios tipos diferentes de ronroneo, y uno de ellos es mucho más «alentador» que los demás. Se da cuando añaden una especie de chirrido o trino mucho más enérgico de lo normal con la intención de incitarnos a la acción. Se cree que nos emociona, como el sonido de un bebé. Un estudio ha descubierto que cuando los gatos ronronean para que les demos de comer, el sonido «transmite más urgencia y es menos agradable» que cuando ronronean sentados tranquilamente en nuestro regazo: ese ronroneo «normal» es bastante más relajante y requiere menos esfuerzo. En realidad, nos están manipulando (de la forma más agradable posible), pero me hace gracia pensar en lo inteligente que es su comunicación y cómo nos entrenan cuando creemos que somos nosotros los que estamos al mando. A ellos se les da mejor estudiar nuestro comportamiento que a nosotros el suyo.

Comprobad si sois capaces de distinguir entre el ronroneo con el que tratan de estimularos para que les deis comida y el ronroneo más suave y satisfecho que emiten cuando se acomodan en vuestro regazo. Una vez que reconozcáis este sonido sabréis que vuestro gato os está animando a hacer algo, como acariciarlo, darle de comer o abrirle la puerta, y lo escucharéis con más atención cada vez que ronronee. Cuantas más veces respondáis al mensaje, más probabilidades habrá de que vuestro gato vuelva a utilizar ese método.

Cuando nos hablan directamente

Sabemos que los gatos no suelen utilizar la comunicación oral entre ellos, salvo en situaciones de reproducción, defensa o cría. Hacen algunos sonidos, junto con pequeños trinos, a otros gatos que les gustan, pero no de la forma en que hablan con nosotros. Puede que utilicen el maullido cuando los gatitos crecen y se alejan del nido porque la curiosidad los impulsa a explorar, pero al mismo tiempo se sienten nerviosos por estar lejos de la seguridad del nido y de su madre. Con nosotros emiten un sonido similar al que utilizan para atraer la atención de la madre.

Así pues, el maullido del gato es muy importante para nosotros, si bien debemos tener en cuenta que algunos gatos pueden ser muy «locuaces» mientras que otros apenas rompen el silencio. Se sabe que algunas razas, como la siamesa, son muy habladoras, pero en los gatos mestizos encontramos una gran variabilidad en cuanto a la cantidad de sonidos que emiten y cómo los utilizan para comunicarse con nosotros, lo cual puede deberse a que son gatos tranquilos que no verbalizan sus necesidades o a que, al no recibir respuesta de sus dueños, han dejado de hacerlo. No cabe duda de que si los gatos maúllan y sus dueños los miran para ver qué quieren, se refuerza su comportamiento. Los gatos aprenden rápido y son grandes observadores de las personas, por lo que probablemente nos entienden mucho más de lo que nosotros los entendemos a ellos.

Cada gato maúlla a su manera. Aunque el maullido es un sonido que tiene muchas variaciones, podemos decir que se pronuncia con la boca abierta, hasta que se cierra sobre la «u» para formar lo que parece una palabra. Los gatos maúllan para pedirnos que hagamos algo, como darles de comer o abrir una puerta, o para llamar la atención. Si dividimos el sonido del maullido en letras, «m-i-a-u», es evidente que el gato puede variar la longitud de cada una o acentuarlas para emitir sonidos diferentes con distintos significados o énfasis. Si no acentúa la *a*, parecerá muy apenado, y más aún si también alarga la *u*, pues repetir la *u* al final acentúa el sonido y alarga la súplica. Si el gato quiere algo y ve que nos movemos para dárselo, el sonido se aligera, ¡y también puede que añada un ronroneo para estimularnos más!

A veces nos da la impresión de que nuestro gato utiliza solo la *a*, que lanza una especie de gemido estrangulado o que abre la boca pero no emite ningún sonido. El autor Paul Gallico, gran aficionado a los gatos, publicó un libro titulado *The Silent Miaow: A Manual for Kittens, Strays and Homeless Cats [El maullido silencioso: un manual para gatitos, gatos callejeros y gatos sin hogar]*, que afirma ser una visión felina del *Homo sapiens* escrita en felino original y traducida por Paul; es un libro de instrucciones para gatos, pensado para decirles cómo entrenar a sus familias. Y es cierto que a veces los gatos lanzan un maullido silencioso, sin emitir ningún sonido, y es muy atractivo. Por último, los gatos también utilizan el maullido para decirnos que no les gusta algo, como que los cojamos o que nos los bajemos del regazo, por lo que probablemente se trata de una queja o un llanto.

¿Podemos comunicarnos mirando o señalando?

Se han realizado bastantes estudios con perros en los que una persona señalaba un objeto y el perro seguía su mirada hasta el objeto; sin embargo, todavía se necesitan hacer estudios con gatos para demostrar que responden cuando una persona les señala algo de comer para ayudarlos a encontrarlo. Además, si el perro ve la comida, pero no puede alcanzarla, es probable que vuelva a mirar a la persona y aumente su contacto visual, e incluso puede que haga algo más para comunicar que necesita ayuda para alcanzarla. Según parece, los gatos miran a las personas a la cara cuando ven algo potencialmente amenazador y adaptan su comportamiento hasta cierto punto en función de la expresión facial de su dueño (positiva o negativa), pero en la investigación que se ha realizado no se ha observado un aumento similar de la comunicación ni una petición de ayuda.

Aun así, estoy segura de que cualquier dueño habrá notado que cuando su gato ve que no le queda nada que picar en el comedero, intensifica la comunicación para tratar de transmitir el mensaje, aunque tal vez no ocurra durante una situación experimental. En casa, los gatos parecen darse cuenta de si les estamos prestando atención cuando piden comida, y puede que por eso nos miren y aumenten la comunicación si no la consiguen. Por lo tanto, podría tratarse de un comportamiento muy situacional e individual.

El parpadeo puede ser un medio de comunicación

Los estudios han demostrado que si entrecerramos los ojos y parpadeamos lentamente ante nuestro gato, él se anima a acercarse y a estar más abierto a permanecer con nosotros. Quizá sea como sonreírles en su lenguaje, y es un gesto que no puede malinterpretarse como una mirada fija (que podría resultar amenazadora). Cuando los gatos están relajados suelen sentarse con los ojos parcialmente cerrados y parpadean lentamente cuando los miramos, lo que podría ser su forma de decirnos que no son una amenaza y que hay confianza entre nosotros. En un estudio, los investigadores descubrieron que era más probable que los gatos parpadearan despacio ante las personas que parpadeaban despacio delante de ellos (como vimos en el capítulo 6). Tras observar si los gatos reaccionaban ante los desconocidos de la misma forma que con sus dueños y hacer que estos extendieran la mano hacia ellos, comprobaron que efectivamente los gatos tendían a parpadear más y a acercarse a la mano de la persona que hubiera parpadeado, lo que podría ser su forma de aceptar que no los estamos amenazando. Otro truco es mirar un poco más allá del gato, en vez de mirarlo directamente a él, para que no pueda interpretarlo como una amenaza.

La próxima vez que veáis a un gato o estéis con el vuestro, haced la prueba: parpadead lentamente y a ver qué pasa. A nosotros nos gusta sonreír, y cuando lo hacemos entrecerramos los ojos, así que tal vez sonreír les transmita una señal de la que no hemos sido conscientes hasta ahora. ¿Quién iba a decir que un parpadeo pudiera significar tanto?

Pero no todos los parpadeos son buenos: cerrar los ojos o parpadear rápido pueden ser señales de miedo o amenaza. Si un gato cierra los ojos o parpadea rápidamente podría indicar que está asustado o se siente amenazado, y en ese caso lo mejor es alejarse para que se relaje.

Utilizar el juego para estrechar lazos

Los gatos nos parecen juguetones, y el juego es una forma estupenda de desarrollar el vínculo que tenemos con ellos. Se cree que el juego es necesario para el desarrollo, pero también es una parte placentera de la vida doméstica. El que juguemos poco o mucho con nuestros gatos dependerá del tiempo que queramos dedicarles y de las ganas que tengamos nosotros y ellos. Jugar con los gatitos es irresistible, pero prácticamente todos los gatos, si se les brinda la oportunidad, jugarán y se beneficiarán de la oportunidad de hacerlo, independientemente de su edad. Los gatitos juegan más que los gatos adultos, pero hasta los mayores pueden disfrutar de la estimulación y el ejercicio suave de un juego adaptado a su salud, energía y movilidad.

Cuando los gatos juegan con juguetes, lo hacen de forma parecida a cuando cazan, y las cosas que los animan a cazar son las mismas que hacen que les gusten ciertos juguetes: los juguetes que se parecen a una presa por su textura, tamaño y movimiento parecen resultarles más atractivos. Al parecer, los gatitos (a los que les encanta jugar con todo) pierden el interés por los objetos que no se mueven en torno a los cinco meses de edad: por eso es importante que movamos los juguetes. Además, los gatos parecen preferir que el juguete lo mueva directamente una persona, y no que se mueva a distancia. A los gatos también les gustan los juguetes nuevos y se aburren (¡probablemente antes que los dueños!) con los que ya han jugado antes.

¿El juego hace que los gatos sean mejores cazadores? Aparentemente, no: lo que mejora la caza es coger presas. Cuando pensamos en jugar, imaginamos atléticas persecuciones, saltos y embestidas tras un juguete que se mueve rápidamente; sin embargo, cuando los gatos cazan, suelen hacerlo de forma lenta y constante, observando y moviéndose despacio, con solo una rápida carrera al final: el ejercicio se realiza tanto con la mente como con el cuerpo. Por consiguiente, el juego puede ser uno de los comportamientos específicos que los gatos necesitan expresar. Podremos jugar mejor con ellos si averiguamos qué quieren hacer y los animamos con los juguetes adecuados, en situaciones en las que puedan relajarse y jugar con nosotros.

Seguramente ya os habréis hecho una idea de si a vuestro gato le gusta jugar y cuánto, porque lo veréis inventarse juegos, jugar con objetos y hacer movimientos de caza con los ojos muy abiertos y las pupilas dilatadas. Un gato con ganas de jugar lo hará prácticamente con todo lo que le deis, o también podría buscarse cosas él solo, incluso destruyéndolas por la excitación, y estará encantado de seguir jugando; mientras que otros solo querrán jugar en determinados momentos, no se sentirán atraídos por algunos juguetes, podrían necesitar mucho estímulo para jugar, se aburrirán fácilmente y lo más seguro es que no cojan los juguetes sin nosotros.

Los juguetes pueden tener determinadas texturas, olores, ruidos y formas para fomentar el juego, pero lo que más lo fomenta es el movimiento (en el capítulo 1 hablamos de la capacidad que tiene el gato para concentrarse en el movimiento y lo difícil que le resulta ignorarlo). Hasta los juguetes más sencillos, como una pelota de pimpón, les pueden proporcionar horas de diversión y ejercicio, al igual que unos trozos de papel arrugado. También les gusta explorar las bolsas, ¡y les encantan las cajas! Muchos gatos juegan a buscar la pelota que le tiran sus dueños, o devuelven los juguetes para que se los lancen de nuevo: es un juego que asociamos con los perros, pero que parece ser bastante común en los gatos. Si a nuestro gato le gusta, es una forma estupenda de estrechar lazos con él. Y si además tenemos un gato que no sale al exterior, donde pueda trepar por muros y árboles, acechar presas, perseguir hojas y posiblemente encontrar a otros felinos, tenemos una responsabilidad mucho mayor de dar una salida a su comportamiento de caza y juego para que no se aburra ni se frustre.

A los gatos les gustan las cosas nuevas, así que si vuestro gato tiene un juguete favorito, no lo tengáis siempre fuera. Lo mejor es usarlo y después esconderlo durante un rato antes de volver a sacarlo para que se mantenga la novedad. El comportamiento depredador suele producirse en breves y frecuentes estallidos de actividad, por lo que imitarlo quizá también lo haga más real.

Es importante que los gatitos jueguen bien desde que son pequeños. Si el juego ha sido brusco cuando eran cachorros y los dueños utilizaban las manos en juegos de agarre, los gatitos aprenderán a morder y agarrar fuerte con las garras, lo que está bien cuando son pequeños, pero es muy doloroso cuando crecen. Por eso es importante enseñarlos a jugar con suavidad y utilizar juguetes que los mantengan separados de nuestras manos, como los que están sujetos a un palo o una cuerda.

Muchos juguetes llevan hierba gatera *(Nepeta cataria)*, una planta de la familia de la menta que contiene un aceite llamado nepetalactona que provoca una reacción de estimulación en aproximadamente dos tercios de los gatos. Además de utilizarse en muchos juguetes, puede comprarse aparte, y como parece perder su potencia con bastante rapidez, guardarla en una bolsa de plástico cerrada puede ayudar a conservarla. No está claro si actúa como una droga, como la marihuana, o si provoca una respuesta similar a la de una gata en celo o les da una sensación de placer. Cuando la huelen, los gatos suelen olfatearla, lamerla, revolcarse y frotarse la cabeza y las mejillas con ella. También les puede provocar la respuesta de Flehmen (de la que hablamos en el capítulo 1), haciendo que se concentren en el aroma y huelan/saboreen la hierba. El efecto puede durar hasta quince minutos; luego, el gato parece superarlo, se aleja y puede no responder de nuevo durante varias horas. Los gatitos no suelen reaccionar hasta que tienen entre tres y seis meses. La hierba gatera no parece causar ningún daño.

Si hay más de un gato en casa, el juego puede hacerse bastante excitante y los gatos pueden volverse más reactivos, especialmente si se añade la hierba gatera a la ecuación. Debemos conocer a nuestros gatos y, si es necesario, jugar con cada uno de ellos lejos de los demás. Aun cuando disfrutan jugando juntos, el entusiasmo y la excitación pueden aumentar hasta el punto de incitar a la agresividad, por lo que siempre es bueno hacer que mantengan la calma. Hay una cosa en la que nunca había pensado hasta que una de nuestras expertas de International Cat Care me lo explicó, y es que si los gatos juegan alrededor de taburetes, sillas u otros obstáculos entre los que puedan moverse y esconderse o subirse, se evitará cualquier mirada fija que pudiera producirse, lo que mantendrá la tranquilidad y hará que el juego no se convierta en pelea.

Dónde tocar a nuestro gato

Como todos recordamos, nuestros gatos no están verdaderamente domesticados y no han dejado del todo atrás a sus solitarios antepasados salvajes. Al igual que ellos, los gatos domésticos siguen teniendo instintos que los llevan a hacer un esfuerzo considerable para comunicarse indirectamente con otros gatos mediante mensajes visuales y químicos sin tener que verse. Sabemos, por tanto, que los gatos domésticos no han heredado grandes habilidades sociales de sus parientes y que las habilidades con las que cuentan tuvieron que adaptarlas para el ser humano, mientras que el ser humano necesita tener a otras personas alrededor, y además a nosotros nos gusta demostrar cariño y afecto. Por eso puede que no se trate de una relación idílica, y nosotros, que poseemos la capacidad de ser empáticos y controlar nuestro comportamiento innato, debemos ser conscientes de ello y adaptar nuestro comportamiento, en vez de esperar que sean los gatos los que alteren el suyo.

Sabemos que todos los gatos son distintos y que cada uno reacciona a su manera, dependiendo de cómo y dónde lo toquemos. La investigación ha demostrado que aunque algunos gatos reaccionen ante una atención no deseada con comportamientos con los que pretenden alejarnos, en realidad un gato tolerante puede sufrir todavía más estrés, dado que ser tolerante es bastante difícil si no te gustan las caricias. Pero el hecho es que a nosotros nos puede resultar difícil contenernos, ya que consideramos mimos y abrazos como acciones cariñosas y tranquilizadoras. A la mayoría de los gatos más sociables les gusta que los acariciemos por las zonas en las que se encuentran las glándulas faciales —como la base de las orejas, por debajo de la barbilla y alrededor de las mejillas—, y no tanto en la barriga, la espalda o la base de la cola.

El truco es ir despacio y con cuidado, y observar cómo reacciona: ¿os da empujoncitos buscando más contacto, ronronea y se relaja, o busca una forma de escapar? Como señal de desagrado podría girar la cabeza hacia otro lado, moverse, agacharse, apartarse para evitar el contacto o incluso quedarse quieto sin reaccionar, es decir, sin ronronear ni frotarse contra nosotros. Cuando la aversión es más fuerte, el gato puede parpadear exageradamente, sacudirse la cabeza o el cuerpo, lamerse la nariz o acicalarse breve y rápidamente varias veces para distraerse y tranquilizarse; también se le puede erizar la piel a lo largo del lomo mientras lo tocamos. Los comportamientos pueden intensificarse aún más, en cuyo caso el gato podría agitar o sacudir la cola, aplanar las orejas o girarlas hacia atrás, doblar bruscamente la cabeza para mirarnos a nosotros, mirar la mano e intentar morder o apartarla con la pata. A algunos gatos les gusta que les hagan cosquillas en la barriga, pero no es lo habitual, así que tendremos que ir con cuidado y comprobar si le gusta o no, ¡pero sin tentar a la suerte!

¿Y SI NO QUIERE UN CONTACTO CERCANO?

Podemos vivir situaciones muy diversas con los gatos, desde alimentar a los callejeros hasta tener un solo gato que no salga de casa. No hay una forma mejor que otra de disfrutar de ellos. Hay mucha gente que siente una gran satisfacción con la versión del gato doméstico menos orientada al ser humano, cuidándolo a distancia. Muchos de estos gatos no han tenido experiencias tempranas positivas y no quieren ser animales de compañía, pero pueden llegar a ser tolerantes e incluso amistosos, y sentarse a esperar a que llegue la persona que los alimenta para saludarla. Algunos hasta toleran una caricia mientras comen, pero casi todos se mantienen a una distancia prudencial, listos para salir huyendo a un lugar seguro. Aunque haya algunas personas que no lo consideren una relación cercana, lo cierto es que se trata de una relación enriquecedora que puede ser muy satisfactoria para ambas partes.

Pero si vivimos con un gato intermedio, que necesita un poco de ayuda humana, pero no soporta estar demasiado cerca de la gente, ¿qué podemos hacer? Antes hemos hablado de los gatos que de pequeños no han tenido una buena socialización que les permita sentirse relajados con el ser humano, pero que, pese a ello, necesitan nuestra ayuda, es decir, necesitan tener una relación con nosotros, aun manteniendo las distancias. Lo mejor para muchos gatos intermedios es un estilo de vida en libertad, con un acceso sin restricciones al exterior, donde tengan comida y refugio y puedan contar con una persona que los cuide sin acercarse. Los gatos intermedios necesitan agua, alimentos, un refugio seco y sin corrientes de aire, y un lugar donde hacer sus necesidades, aunque también podrían hacerlas fuera. Suelen mantenerse alejados de la gente, pero si no se los presiona, algunos empezarán a sentirse más cómodos y a acercarse un poco más. Por lo tanto, lo primero que tenemos que hacer es aceptar el comportamiento de nuestros gatos y darles espacio sin presionarlos.

Tratar los problemas de salud de este tipo de gatos es muy difícil, ya que nos resultará imposible meterlos en un transportín si no podemos acercarnos a ellos. De hecho, buscar el contacto físico con un gato intermedio puede incitarlo a esconderse o incluso hacer que se comporte de forma agresiva. Pero lo que sí podemos hacer es que el transportín se convierta en un escondite o en su cama, con lo que podremos encontrarlo ahí si tuviéramos que capturarlo. Si queremos encontrar la forma de hacer lo mejor para nuestro gato, deberemos hablar con el veterinario sobre él y las dificultades que se nos plantean; y si es un gato intermedio, deberemos decírselo, aunque tampoco podemos esperar que tenga un método mágico para manejarlo. Aun así, si el veterinario sabe que el gato va a estar muy estresado, podrá tratarlo de forma que no tenga que manipularlo directamente, o también podría sedarlo llegado el caso. Si necesitara medicación, tendríamos que hablar con él para ver la forma de dársela con la comida, visto que sería imposible cogerlo para darle una pastilla. En cualquier caso, deberemos ser pragmáticos a la hora de considerar qué tratamientos pueden llevarse a cabo. Las afecciones leves pueden tratarse poniendo medicación en la comida, pero si el gato necesitara permanecer aislado y recibir un tratamiento prolongado, sufriría ansiedad severa, por lo que habría que considerar la posibilidad de la eutanasia para evitar o aliviar el sufrimiento.

Otros gatos intermedios necesitan estar cerca de la gente, pero no quieren ser el centro de atención como lo toleraría o disfrutaría una mascota «normal». Estos gatos pueden acercarse o establecer contacto con nosotros si no se los presiona en modo alguno y sienten que son ellos los que controlan la situación. Por eso, dejar que sea él el que dé el primer paso puede dar lugar a una mayor interacción, puesto que siente que está al mando.

El tipo de interacción que se debe utilizar en estos casos consiste en no acercarse al gato ni centrarse en él, prestándole atención únicamente si se acerca; tener una rutina por la que el gato sepa cuándo van a ocurrir las cosas, o proporcionarle comida seca a discreción para que sepa que la tendrá siempre y no le cause estrés.

Cuidados adicionales para gatos de interior

El gato que vive sin salir de casa, que centra su vida y sus horas de vigilia en torno a la presencia de sus dueños, requiere una cuidadosa consideración. Las tendencias en cuanto a la forma de cuidar de nuestros felinos están cambiando en todo el mundo. En Estados Unidos, casi se considera una negligencia dejar que los gatos salgan de casa, y en algunos lugares puede ser necesario mantenerlos a salvo del riesgo exterior. En muchos países, la gente vive en pisos altos en la ciudad, sin zonas exteriores para sus mascotas. Pero ¿supone algún coste para el bienestar mental del gato?

Los intereses y las actividades de los gatos de interior no tienen ningún componente externo, de ahí que puedan llegar a estar muy centrados en sus dueños. Este es el tipo de relación que algunos dueños desean, pero al mismo tiempo les impone mucha más responsabilidad a la hora de mantener al gato entretenido y activo para que no se frustre, sobre todo cuando tienen que salir de casa para trabajar o para cualquier otra cosa. Por otra parte, a los gatos se les sigue persiguiendo y tratando con crueldad en muchos países, incluido el Reino Unido. ¿Será que nos preocupamos excesivamente por unos pocos animales de compañía a los que queremos y mimamos, y que la única culpa que tienen sus dueños es quererlos demasiado?

Si bien es cierto que todavía hay millones de gatos que están pasando hambre o sufriendo enfermedades o lesiones, eso no significa que no debamos analizar detenidamente cómo cuidamos a los nuestros y cómo podemos utilizar nuestros conocimientos para mejorar y fijarnos tanto en lo que los gatos quieren como en lo que nosotros necesitamos. La mayoría de los dueños se sitúan entre esos dos extremos. Normalmente, tienen uno o dos gatos con acceso total o parcial al exterior y los gatos adaptan su vida a esta persona o a la familia, de tal forma que la relación resulta conveniente para ambas partes.

Es bueno que los gatos de interior experimenten con cosas nuevas para que su hogar no se vuelva demasiado predecible: así evitamos que pierdan el hábito de ser curiosos y los ayudamos a mantener la confianza suficiente como para no estresarse ante la novedad. Para estimularlos podríamos darles objetos con distintos olores o texturas, las cajas de cartón que tanto les gustan, bolsas de papel en las que se puedan esconder o meter unas cosas dentro de otras y colocarlas por la casa para animarlo a explorar.

¿Qué tipo de gatos tenéis?

Una vez que hayáis leído este libro, quizá sea el momento de reflexionar sobre el tipo de gato que tenéis: ¿lo veis confiado y relajado cuando está con vosotros y con vuestra familia? ¿Y cuando os visitan otras personas? ¿Dónde pasa la mayor parte del día? ¿Se acerca corriendo cuando ve que está ocurriendo algo nuevo y emocionante, o se esconde? ¿Y cómo reacciona con vosotros? Cuando alargáis la mano para acariciarlo, ¿se agacha o salta hacia ella? Como es lógico, los gatos pueden hacer todas estas cosas en distintos momentos, pero ¿cuántas veces os parece que ocurre y en qué circunstancias? ¿Se comporta de forma distinta cuando hay otros gatos cerca? No hay respuestas buenas o malas, ni correctas o incorrectas; simplemente, pensar en ellas y responder con sinceridad es una forma de entender a nuestro gato.

¿Tener varios gatos afecta a la relación?

Muchos dueños tenemos más de un gato, por lo que deberíamos ser conscientes del efecto que esta situación pueda tener en la relación. Si se llevan bien y a todos los gatos de la casa les gusta sentarse juntos y acicalarse, y quizá hasta jugar juntos, la situación podrá ser tranquila y no afectarles ni a ellos ni a su relación con nosotros. De hecho, ¡hasta podrían intentar sentarse sobre nuestras rodillas al mismo tiempo! Es posible que los gatos no se muestren hostiles entre sí, sino que más bien se toleren y, sobre todo, se ignoren. Pero si hay tensión —lo que suele ocurrir en hogares donde vive más de un gato, y la probabilidad aumenta cuantos más se tengan—, puede repercutir en muchos aspectos.

Casi siempre traemos a casa a otro gato porque nos gustaría tenerlo (y no hay nada de malo en ello), pero no sabemos lo que significará para el gato que ya tenemos. Imaginaos cómo os sentiríais si alguien se uniera a la familia sin que vosotros supierais quién es ni poder decidir nada al respecto. ¡Y que además se esperara que os llevarais bien! Por otra parte, el ser humano tiene una necesidad básica de hacer que las cosas funcionen, que no haya tensiones en el hogar y que todos se lleven bien, mientras que los gatos no sienten la necesidad de comprometerse con ese objetivo.

Por regla general, cuantos más gatos tengamos, más probabilidades habrá de que algunos no se lleven bien con otros y la tensión se extienda a los demás. Este puede ser el principal motivo de infelicidad para ellos, ¡y para las personas, que solo queremos que sean amigos! Si nos damos cuenta de que los gatos no se llevan bien, podemos hacer algunos cambios para que tengan la posibilidad de alejarse unos de otros, como proporcionarles escondites y zonas altas desde las que puedan ver todo lo que ocurre y sentirse más relajados. Puede tratarse de una situación bastante compleja y, si los gatos ensucian la casa o se pelean, quizá debamos pensar en pedir consejo a un especialista en comportamiento felino o incluso plantearnos si podemos buscarle a alguno de los gatos otro hogar en el que no viva tan estresado.

¿Qué clase de dueños sois?

¿Sois de las personas a las que les gusta acariciar y dar besos al gato, y enseñárselo a todo el que vaya a casa? ¿Dejáis que os cuente cosas observándolo atentamente? ¿Estáis empeñados en que vuestro gato os muestre afecto y decididos a convencerlo de que lo haga, pase lo que pase? Por desgracia, haber tenido un gato que lo hiciera pudo depender de él, y no de nosotros, por lo que no importará cuánto insistamos con otro gato, ya que, si él no quiere, no lograremos persuadirlo. Por eso, si lo que necesitamos es un trato cercano con nuestro gato, pero él tiene un comportamiento opuesto, la relación podría ser insatisfactoria.

Muchas de estas cuestiones quizá deberían plantearse antes de elegir un gato, para intentar encontrar un cachorro seguro de sí mismo que esté dispuesto a que lo manipulen y a conocer gente nueva. The Kitten Checklist, que se encuentra en el sitio web de International Cat Care, puede ayudar a los futuros dueños a hacer las preguntas adecuadas a la hora de elegir un gatito. Si vais a haceros cargo de un gato de un centro de acogida o adopción, podéis intentar averiguar cómo interactúa con vosotros y hablar con el personal que cuida de los gatos para haceros una idea de su carácter. Pero no olvidéis que un gato estresado no estará en su mejor momento para relajarse y dejar traslucir su verdadero carácter; si el gato se encuentra en condiciones de hacinamiento o en un centro en el que ladran los perros y no tiene dónde esconderse en su jaula, podría estar demasiado distraído y ansioso como para mantener ningún tipo de interacción. Si les dais la oportunidad de interactuar en un entorno tranquilo y sin amenazas, quizá podáis ver cómo son realmente. Pero, al fin y al cabo, todos sabemos que nos hacemos cargo de los gatos por muchas razones, ¡y no todas las podemos controlar!

Aprendamos de nuestros gatos

Tenemos que comportarnos como detectives con nuestros gatos y reunir pequeñas pistas sobre lo que les gusta y lo que no observando y escuchando lo que intentan decirnos. En lugar de tomar la iniciativa, tenemos que responder a las señales que ellos nos dan y, al mismo tiempo, transmitirles la idea de que estamos abiertos a una relación más cercana si lo desean. Si respondemos y tomamos nota de cuándo «es suficiente» en lo que respecta a caricias o mimos, es probable que se nos acerquen más porque no los agobiamos.

Cuando lo hacemos, podemos empezar a reaccionar en consonancia con las señales que nos están mandando y darles lo que están pidiendo. Conforme lo vayamos haciendo, estaremos ofreciéndoles confianza y una relación positiva que puede hacer que acudan más a nosotros en busca de atención, seguros de que no vamos a hacer nada que les provoque ansiedad.

Los gatos nos enseñan a ser positivos en nuestras interacciones, a pensar de forma creativa, a ser sensibles a sus señales y a tratarlos con amabilidad. Los castigos, lejos de incitarlos a obedecer, probablemente les infundirán miedo y harán que nos rehúyan más. Al no estar hechos para la vida en grupo, ni reaccionarán ni entenderán los comportamientos negativos que las personas, y también los perros, podemos soportar para seguir formando parte del grupo. Los perros nos aguantan muchas cosas debido a su necesidad de permanecer con nosotros, pero los gatos nos obligan a comportarnos mucho mejor. Quizá así también mejore nuestro comportamiento con los miembros de nuestra especie.

CAPÍTULO 9

Os presento a mis gatos: ¿cómo nos hablamos?

Gran parte de este libro ha tratado sobre la investigación y lo que sabemos sobre los gatos en general, pero, como hemos visto, cada gato tiene su propia individualidad. Estuve pensando mucho en una forma de ilustrar todo esto y llegué a la conclusión de que, para ver cómo la realidad contrasta con algunas de las teorías, podría hablar sobre mis tres gatos, que son muy diferentes entre sí, ¡y cada uno ha desarrollado sus propias formas de adiestrarnos! Esto no es ciencia, pero sí son ejemplos de individualidad con los que podemos hacernos una idea del gato en su conjunto en función de los distintos contextos que ofrecen la edad, la salud, el grado de confianza y el nerviosismo, y ver las reacciones de cada uno. Es como coger pequeñas piezas de un rompecabezas y unirlas para obtener una imagen más completa.

Su vida con nosotros

Mientras escribía sobre los gatos en general, he ido pensando en cómo se comportan mis tres gatos a la luz de la investigación y los conocimientos que estamos adquiriendo. He pensado en las diferencias que hay entre ellos y en su individualidad teniendo en cuenta que habitan en un hogar estable en el que viven experiencias en común. Los he tenido a los tres desde que eran cachorros (aunque sus experiencias tempranas fueron distintas).

Uno tiene ahora diez años, y los otros dos, nueve. Sus caracteres se han mantenido muy constantes a lo largo de este tiempo, aunque sus comportamientos con nosotros han ido evolucionando y sus caracteres se han ido haciendo más patentes con la edad. Cuando eran cachorros, mis hijos (que entonces tenían unos diez y dieciséis años) los trataban con cariño, sensibilidad y paciencia. Mi pareja, que en un principio no era amante de los gatos, se lleva genial con ellos y desea llegar a entenderlos tanto como yo; ha llegado a apreciarlos como individuos, ha construido su propia relación con ellos, ¡y a menudo lo prefieren a él antes que a mí! Según el diagrama de estilos de vida que vimos en el capítulo 2, mis tres gatos encajarían en la descripción de «gatos de compañía», aunque uno de ellos podría haber vivido como gato callejero o de granja si no lo hubiéramos recogido cuando aún era muy pequeño.

Tenemos la suerte de vivir en medio del campo, lejos de una carretera principal y con un gran jardín. Los gatos tienen libre acceso al exterior a través de una gatera. Estamos cerca de una vía de tren, pero se mantienen alejados de ella y prefieren explorar la enorme cantera que hay detrás de la casa. Nuestros vecinos no tienen gatos (aunque hay un par de ellos en casas que se encuentran a unos trescientos metros de distancia), así que no hay competencia cercana, lo cual es maravilloso para ellos. No parece haber muchos gatos callejeros en la zona; de vez en cuando vemos uno en el jardín que parece ser un gato de granja al acecho, pero no muy a menudo, aunque sospecho que mis gatos serán mucho más conscientes que nosotros de su presencia. Tienen mucho espacio dentro de casa y lugares para alejarse unos de otros si lo desean. Pueden salir al exterior siempre que quieran y, por desgracia, son bastante buenos cazando roedores, que traen a casa con regularidad, sobre todo en primavera y verano.

Os los presento

En primer lugar, os presento a Chilli, el mayor, que tiene unos diez años. Nos lo encontramos cuando era muy pequeño (tendría unas seis semanas) correteando por el aparcamiento de un pub, quizá procedente de una granja vecina, donde ya se habían visto gatitos antes. Mi hija consiguió atraparlo y salvarlo de alguien que estaba intentando atropellarlo y se lo llevó a casa. La respuesta inmediata a nuestras atenciones fue un largo y vigoroso ronroneo de aquel pequeño bultito pelirrojo que nos miraba sentado entre las manos de mi hija. ¡No pudimos resistirnos! Yo nunca había tenido un gato naranja (casi todos habían sido blancos y negros o siameses) y sentía curiosidad porque tenían fama de ser amistosos. Los gatos naranjas parecen tener un atractivo universal, quizá por lo bonitos que son el manto y los patrones del pelaje, pero también porque se los considera cariñosos.

¿El ser pelirrojo afecta al carácter? En el capítulo 3 hablamos sobre la individualidad, el color del pelaje y la genética, y, aunque no está claro si existe una relación, sí tenemos algunas ideas sobre cómo puede influir. También he encontrado algunos estudios sobre el color y el comportamiento de los caballos en los que se comparaban caballos alazanes y castaños (el castaño es el equivalente al color rojizo en los caballos): según los resultados, los caballos castaños no mostraban ninguna diferencia de comportamiento, como encabritarse, morder, patear o corcovear, en comparación con los caballos alazanes, pero mostraban conductas más «audaces» (recordemos que por *audacia* entendemos la disposición a asumir riesgos y actuar de forma innovadora, con confianza o valentía), y eran más propensos a acercarse a objetos desconocidos de su entorno, por lo que interactuaban de forma diferente a como lo hacían los alazanes. Por otra parte, los estudios que se han realizado sobre personas pelirrojas han descubierto que sienten el dolor de forma diferente y tienen reacciones corporales distintas a las de las personas rubias o morenas, y que pueden necesitar dosis diferentes de fármacos como los anestésicos. Así que puede que haya algo de verdad en esa fama y que los gatos naranjas sean realmente más atrevidos y estén más dispuestos a vivir nuevas experiencias y a ponerse en una posición vulnerable que les permita descubrir que los humanos somos bastante agradables.

De haber nacido en una granja (que es lo que creo), Chilli no habría tenido mucho trato con seres humanos, por lo que me esperaba que mostrara al menos cierta timidez en nuestra casa, con todos apiñados a su alrededor. Pero no era en absoluto miedoso, simplemente se sentía feliz de estar con nosotros. Era muy pequeño y probablemente aún se encontraba en ese periodo en el que los gatitos están más abiertos a conocer otras especies y a enfrentarse a cosas nuevas. ¿Habrá heredado de su madre o de su padre las características genéticas que facilitan la sociabilidad? ¿Su carácter atrevido y seguro (quizá influido por la genética ligada a su color) lo llevó a superar el miedo, aunque nunca hubiera interactuado antes con nadie? Otra posibilidad es que hubiese escapado de una casa en la que hubiera conocido a otras personas, pero no supimos de nadie que hubiese perdido un gatito, así que nunca lo sabremos; pero, desde luego, siempre estaré agradecida por tenerlo con nosotros.

Comparado con los otros dos, es un gato astuto, y también sería el que podría arañar o intentar morder (un suave mordisco) si se le forzara demasiado (cosa que, por supuesto, intentamos no hacer). Es más que probable que sea un gato de granja y posee un pelaje espeso —en absoluto suave o brillante— que se vuelve aún más espeso en invierno, aunque disfruta del calor del interior de la casa tanto como sus compañeros. Parece tener un umbral de reacción menor y un mayor instinto de autoconservación, en caso de necesitarlo. Sin embargo, también es al que mis hijos pueden coger en brazos y poner bocarriba, y se relaja tanto cuando le masajean la cabeza, que la deja colgando mientras ronronea, como cuando era un gatito. ¡Ninguno de los otros gatos lo aguantaría! Así pues, parece tener mucha confianza en sí mismo, pero no se anda con tonterías si algo no le gusta.

Le encanta acechar y parece tener la sensatez de observar a los gatos desconocidos sin acercárseles, aunque cuando persiguió a un zorro (que era exactamente del mismo color que él) fuera del jardín, ¡contuvimos la respiración temiendo por su seguridad!

Cuando lo encontramos, teníamos una preciosa gata blanca y negra llamada Diamond, que era muy mayor y se hallaba al final de una larga batalla contra el hipertiroidismo. Yo no había planeado tener otro gato hasta que ella ya no estuviera con nosotros, y creo que en el fondo a Diamond no le hacía ninguna gracia su presencia, pero decidimos quedárnoslo porque sabíamos que ella estaba bastante mal y él era exactamente el tipo de gato que habríamos buscado cuando ella nos dejara. Nos encargamos de que no la molestara, y ella realmente se impacientaba si se acercaba, aunque él nunca hizo más que mirarla e intentar ser amistoso. De todas formas, nunca pareció ofenderse por el rechazo y se limitaba a venirse con nosotros. Lamentablemente, Diamond murió poco después, y tener a Chilli nos ayudó mucho con la pérdida.

A sus diez años, Chilli es un gato que ha ido creciendo en consonancia con el carácter curioso y confiado que tenía cuando lo encontramos siendo un cachorro. Es todo un personaje, y le gusta tanto participar en todo lo que hacemos que se ha ganado el apodo de Mr DIY, como la tienda de bricolaje, por intentar acercarse demasiado a todas las actividades de decoración o renovación que hacemos en casa.

Como veréis cuando hablemos de su lenguaje corporal, es como si contuviera su gran carácter: siempre se está moviendo, es incapaz de estarse quieto; nosotros decimos que siempre está buscando la forma de hacer alguna travesura, pero sobre todo se debe a que es muy curioso (incluso cotilla) y siempre quiere saber qué está pasando. Cuando tenía un año, trajimos a casa dos gatitos nuevos y él los aceptó con curiosidad, pero comportándose de un modo agradable y tranquilo.

A los siete años sufrió una obstrucción de las vías urinarias que puso su vida en peligro. En esta enfermedad, la obstrucción impide orinar y la orina se acumula en la vejiga. Pero el problema no es solo que la vejiga se llena cada vez más, sino que las toxinas de la orina afectan al organismo y pueden dañar el riñón y el corazón, y hacer que el gato se sienta muy mal. A menos que la obstrucción se alivie rápidamente, puede ser una enfermedad mortal.

Mi amiga Vicky Halls estaba pasando unos días conmigo, y cuando llegamos a casa nos encontramos a Chilli echado en el sofá. Al verle la cara nos dimos cuenta de que estaba sufriendo; estaba tumbado en una posición tensa y extraña, o sea, que tenía que pasarle algo. Vicky era enfermera veterinaria y experta en comportamiento, así que entre las dos lo metimos en un transportín con mucho cuidado y, como ya era tarde, lo llevamos al veterinario de urgencias. Suponíamos que tendría una obstrucción, pero no sabíamos de qué. En urgencias consiguieron ponerle un catéter para que saliera la orina, y al día siguiente fuimos a nuestro veterinario para intentar estabilizarlo y ver si la obstrucción había desaparecido, pero el veterinario no pudo mantenerle las vías urinarias libres cuando le retiraron el catéter, de modo que nos remitió a la Bristol Veterinary School para que lo operara un especialista y tuvo que quedarse allí un tiempo para estar seguros de que la operación había funcionado. Mi hija y yo fuimos a visitarlo, y el personal veterinario que lo atendió disfrutó mucho con él, porque ronroneaba mucho y era todo un personaje.

Chilli se recuperó estupendamente. No ha tenido ningún otro problema desde entonces y estoy muy agradecida a todos los veterinarios y enfermeras que cuidaron tan bien de él. ¡También me alegré mucho de que tuviera un seguro!

Ahora os hablaré de Mello, una de las dos gatitas que nos regalaron cuando Chilli tenía un año. Es una hembra atigrada marrón, pequeña y preciosa, que llegó con su hermano Oreo cuando tenían ocho semanas. Nacieron en una granja; su madre era una gata blanca cuyos antepasados debieron de tener algún tipo de pedigrí. Es probable que el padre fuera un gato de granja, y los cuatro impresionantes gatitos de la camada eran naranja, naranja y blanco, atigrado y blanco puro: unos cachorros preciosos. Tanto ella como su hermano tienen el pelaje corto y brillante. Los trataron muy bien de crías y, al haber nacido en la cama de sus dueños, desde el principio consideraron a las personas como una parte normal de su vida: los dos tenían confianza con la gente, eran curiosos y estaban encantados de sentarse en el regazo de cualquiera y dormir apoyándose sobre nuestros hombros cuando se unieron a la familia. Cuando fuimos a verlos, no tuve que preguntar el sexo de Mello: su carita era tan menuda que era obvio que era una hembra. Mello sigue queriendo mucho a la gente y a veces incluso pasaría a la categoría de «necesidad de contacto» (pero hablaremos de ello un poco más adelante).

Oreo es el hermano de Mello, aunque no se le nota porque es blanco puro con ojos verdes y es mucho más grande y robusto que ella. Mr White, como solemos llamarlo, es —como alguien dijo una vez— «simpático pero vago». No tiene tratos con nadie a menos que él quiera, pero es tranquilo, fuerte y silencioso, e ignora la mayor parte de lo que ocurre a su alrededor a menos que esté directamente implicado en ello. Es el que menos interactúa de los tres; él va a lo suyo y es más feliz cazando y echándose a dormir luego en la cama. Sin embargo, a medida que se hace mayor, las cosas están cambiando, y ahora se está volviendo más exigente a la hora de subirse a nuestro regazo y estar con nosotros.

A Mr White le encanta estar tumbado. Ya de gatito se sentaba o se tumbaba en cuanto llegaba a donde quería estar, aunque fuera en el suelo. Adora a mi hija y tiene una relación muy cercana con ella, que es la única que puede abrazarlo y darle un beso. Cuando está aquí, duerme en su cama, y cuando era estudiante o trabajaba en su mesa durante el confinamiento, él se sentaba en su regazo.

Mr White también tuvo un problema de salud unos meses después de Chilli. Se vino abajo muy rápido y el veterinario me llamó para decirme que, sorprendentemente, era un problema muy similar al que había sufrido Chilli y que lo mejor era remitirlo a él también al hospital universitario. Tuvieron que hacerle una transfusión de sangre y una operación para insertarle un dispositivo de plástico llamado *sub* (un baipás subcutáneo ureteral) para superar una obstrucción que tenía entre el riñón y la vejiga antes de que pudiera volver a casa. Es una intervención bastante nueva y los veterinarios todavía están aprendiendo sobre ella y tratando de mejorarla. Tuvimos que llevarlo a que lo visitaran regularmente en el hospital veterinario de Bristol para comprobar que funcionaba y «limpiar» el sistema, pero se lo quitaron milagrosamente al cabo de dos años, porque las piedras que lo bloqueaban habían desaparecido. Les pregunté a mis amigos veterinarios especialistas en felinos si existía alguna relación que explicara por qué los dos gatos habían sufrido este problema tan cerca el uno del otro, pero solo les pareció una extraña coincidencia.

Mr White ha vuelto a la normalidad, y sigue siendo un tipo tranquilo y feliz. El cuidado de los dos gatos se llevó a cabo en centros con la acreditación Cat-Friendly Clinic, donde fueron tratados con respeto y delicadeza por personas conscientes del estrés que sufren los gatos en esas circunstancias. Ambos parecen haber superado muy bien la experiencia y se han mantenido sanos desde entonces.

Cómo se llevan entre ellos

Los observo a todos con interés, y no solo me fijo en su comportamiento individual, sino en cómo se relacionan entre ellos. Mello y Oreo son muy distintos, por más que sean hermanos, hayan tenido experiencias buenas y casi idénticas cuando eran cachorros y estén esterilizados. No se llevan muy bien, y Mello prefiere a Chilli antes que a su hermano.

La mejor relación es la de Chilli y Oreo, que no están emparentados, pero juegan, se acicalan y se acurrucan juntos. Se sabe que cuando los gatos están contentos de estar juntos, a menudo se acicalan o se frotan el uno contra el otro, normalmente alrededor de la cabeza y el cuello. Como vimos en el capítulo 5, los más dominantes o de mayor rango suelen ser los que se encargan de acicalar a los gatos de rango inferior. Si tenéis varios gatos, es posible que os parezca que uno de ellos es menos propenso a ceder que los demás o que está más seguro de lo que quiere (y normalmente lo consigue), o incluso puede que intimide a los demás para lograr sus planes: este es el que se encarga del acicalamiento.

En nuestro caso, el que lo hace es Chilli. Oreo suele acercarse con la cabeza gacha y presentarse para el acicalamiento, que parece encantarle, ronroneando ruidosamente de forma alentadora con esa pequeña nota chillona añadida. Chilli suele acceder y lo acicala sujetándole la cabeza con la pata y las garras, como si quisiera mantenerlo quieto. En la naturaleza, los gatos solo se acicalan unos a otros durante un breve periodo de tiempo y el gato acicalado se queda muy quieto, como hace Mr White. A veces el acicalamiento va bien, y cuando termina, los dos se quedan dormidos, pero otras veces Chilli mordisquea la oreja que está limpiando y se forma un poco de jaleo. Pero esto no quita que Oreo intente que lo acicalen y se acerque todo lo que pueda a Chilli. Él no acicala a Chilli, lo que encaja con la teoría de que el gato más firme es el que acicala. Mr White nunca muestra ningún comportamiento con el que intente imponerse a Chilli: suele jugar con él y parece muy feliz perdiendo.

Cuando juegan pasa igual que con el acicalamiento: a veces acaba bien, y otras veces, en pelea. Mi madre solía decirnos que nos calmáramos o «alguno iba a terminar llorando», y eso es lo que pasa cuando juegan Chilli y Oreo. Sarah Ellis, experta en comportamiento felino, dio una charla sobre el juego en la que aclaró estos comportamientos: nos explicó que el juego no suele hacerse demasiado brusco (con gruñidos o silbidos) si hay algo alrededor con lo que puedan jugar o que les sirva para esconderse, porque así se rompe la intensidad. Nuestros gatos utilizan una pequeña banqueta, de unos centímetros de altura, que en invierno está en una posición ideal, junto a un radiador. Mi madre adornó la parte superior, ¡así que también es perfecta para meter las garras! Uno de ellos se sube a la banqueta (Chilli, por supuesto) y el otro se mete debajo (Mr White). Entonces Mr White le da golpecitos a Chilli o lo agarra desde abajo, y enseguida vuelve a meterse debajo. Es un juego rápido y enérgico, y mientras se persiguen alrededor de la banqueta y puedan alejarse brevemente el uno del otro, sigue siendo emocionante; pero si el juego avanza a campo abierto, puede volverse demasiado violento y, tras reñir un poco, se alejan, se acicalan y siguen adelante con su vida. Es una forma estupenda de observar el lenguaje corporal que no solemos ver: orejas hacia atrás, cuerpos de lado, colas que se agitan y miradas fijas. Aun si acaba en un pequeño enfrentamiento, no parece afectar en absoluto a su cálida relación.

A Mello no le gusta ninguno de los dos porque en los días

de lluvia parece que se aburren un poco, ya que no les gusta mojarse y se muestran inquietos, así que suelen perseguirla para entretenerse. También pueden intentar apartarla de su lugar favorito si quieren sentarse ahí. No le hacen daño, pero ella es consciente de que puede ocurrir, y yo me doy cuenta de que probablemente preferiría estar sola. Definitivamente, Mello no se acurruca con ninguno de los dos y no hay ningún tipo de acicalamiento entre ellos. Los tres duermen en el sofá, pero dejando un espacio entre ella y los otros dos, y también comen juntos y esperan juntos para recibirnos si hemos pasado tiempo fuera de casa. Sin embargo, Mello es más vigilante de lo que me gustaría. Cuando recogí a Mello y a Mr White de la granja donde nacieron, había tres gatitos machos (incluido Oreo) jugando a lo bruto en la cama del perro, mientras que Mello se había escondido tranquilamente en un rincón lejos de ellos. ¡Las cosas no han cambiado mucho desde entonces!

Es interesante ver los comportamientos de mis tres mininos siguiendo el cuadro de las respuestas del gato de compañía al contacto físico que vimos en el capítulo 4 (página 120). Las respuestas de Mello son, en su mayor parte, de «tolerancia», «disfrute» y «necesidad». La «evitación» se presenta en cuanto alguien que a ella no le gusta intenta cogerla en brazos o hacerle arrumacos. En cuanto a los comportamientos de «protección», no los he observado en ella con otras personas, aunque sí los tiene cuando los otros dos gatos se acercan con sus travesuras. Los comportamientos de Mr White son de «tolerancia» y «disfrute» (pero no de «necesidad») cuando se nos acerca, pero la mayor parte del tiempo es bastante independiente. Dicho esto, el caso es que desde hace poco ha empezado a ser más insistente cuando quiere subirse a nuestras rodillas, y mientras escribo esto sentada en el sofá con el portátil en el regazo, se ha metido entre el ordenador y yo y me está empujando el brazo ronroneando, ¡lo que hace bastante difícil escribir! Rara vez utiliza la «evitación», probablemente porque se mantiene al margen a menos que busque activamente la interacción, y además es bastante estoico, con lo que tiende más a la «tolerancia». Por lo que se refiere a las respuestas de «protección», solo las he observado cuando el juego o el acicalamiento con Chilli se vuelve demasiado animado, pero nunca he visto que se produzcan dirigidas a las personas, a pesar de haber tenido que meterlo con frecuencia en el transportín para llevarlo al veterinario.

Chilli tiene muchos comportamientos de «disfrute» cuando quiere atención, pero también de «tolerancia» cuando no quiere que lo acaricien. Suele agacharse bajo la mano para que no alcancemos a tocarlo: yo a eso lo llamaría «evitación». Es curioso lo precisos que son estos pequeños movimientos, ¡se agacha lo justo para esquivarte! Suele hacerlo cuando está ocupado con algo: está concentrado y no se desvía de su objetivo. Estuve hablando de este gesto con una amiga que tiene un perro labrador, una raza famosa por ser muy amigable, buscar atención y estar siempre hambriento y comer de todo. «¿Seguro que no te esquiva nunca?», le pregunté, y ella me dijo que cuando le está preparando la comida y ya está a punto de ponérsela mientras le dice algo y le da palmaditas, él se agacha para evitarlo porque está totalmente concentrado en el comedero y en conseguir su cena. ¡Así que hasta el perro más amistoso puede agacharse para esquivarnos de vez en cuando! Chilli también tiene comportamientos de «necesidad» en ciertas circunstancias que le son propias, tanto cuando está decidido a interactuar como cuando se concentra en uno de sus objetivos, como cuando estoy trabajando en mi mesa o vistiéndome por la mañana, y entonces llega y me sigue a todas partes, me da golpecitos con la pata y ronronea ruidosamente para llamar mi atención.

Cómo descifrar sus «pistas»

Fijaos en el lenguaje corporal de vuestros gatos en casa. Es de esperar que no veáis los comportamientos más visibles, puesto que también son los más extremos y solo se manifiestan si hay tensiones exacerbadas entre los gatos, o si tienen miedo de las personas, y por desgracia los demás comportamientos pueden ser más sutiles y difíciles de interpretar. En capítulos anteriores hemos analizado las posiciones y direcciones del cuerpo, la cabeza y las orejas, pero ninguna de ellas puede tomarse de forma aislada, ya que necesitamos observar todo el cuerpo y las circunstancias del comportamiento antes de intentar averiguar qué está pasando realmente.

Los jugadores de póquer llaman *pistas* a las acciones o gestos inconscientes que se hacen aunque uno esté intentando ocultar lo que piensa o incluso engañar. Solemos decir que los gatos son maestros del disimulo, puesto que son capaces de esconder las señales de enfermedad y dolor para no parecer vulnerables, y como no necesitan vivir con otros gatos y su comunicación se orienta principalmente a mantener a los demás a distancia, tampoco han desarrollado señales faciales evidentes. No se trata de un engaño consciente, sino más bien de una falta de señales. ¡Conseguir captar estos mensajes tan sutiles y ocultos es aún más satisfactorio que advertir una pista en el póquer! Con un poco de suerte, nos darán una idea de lo que piensan nuestros gatos, por más que ellos no nos estén ocultando sus pensamientos a propósito. Pensad en lo mal que se nos da descifrar el lenguaje corporal humano: aunque captemos algo de un modo inconsciente, hay muchas señales que se nos escapan sin que logremos darnos cuenta de lo que significan. A lo mejor, si aprendiéramos a observar mejor a nuestros felinos, ¡seríamos más sensibles al lenguaje corporal de nuestra propia especie!

Hemos convivido con mis adorables gatos durante diez años y nueve años, respectivamente, así que ya estamos muy familiarizados. Mis hijos ya se han hecho mayores y viven fuera, así que ahora somos mi pareja y yo los que pasamos la mayor parte del tiempo en casa. Así pues, veamos cuáles son las pistas que nos dan.

Mello es una gata muy sociable. A ella le encantan las personas y le gusta mucho que la acaricien, pero no que la cojan en brazos, porque entonces perdería el control de la situación y no podría escapar en caso necesario; y hay que entender que eso es lo que le dice su instinto, por más que a nosotros nos parezca un caso muy improbable. Aun así, a veces ansía que le prestemos atención, lo cual me lleva a pensar que tal vez exista algún conflicto entre esos dos estados. Suele estar un poco «alerta», porque no le gusta que los chicos la persigan y les gruñe si se acercan con cara de estar tramando algo. Es mucho más recelosa de su hermano que de Chilli, que parece gustarle, ya que se sienta bastante cerca de él y se le acerca para olisquearlo, aunque no se frotan.

Observando a Mello me doy cuenta de que es una chica «todo orejas». Cuando se queda mirando algo, aunque esté relajada, mueve las orejas en respuesta a cualquier mínima variación. Si está alerta, mueve, más o menos rápido, las dos o individualmente, y queda claro que algo se le está pasando por la cabeza; y si oye un ruido del que desconfía, las gira hacia los lados y hacia atrás, aunque enseguida vuelven a su sitio. Casi siempre las tiene hacia delante y alerta, y así las deja mientras la acariciamos, al tiempo que estudia nuestras caras para ver cómo reaccionamos. Casi nunca las dobla del todo hacia atrás, y solo las pone en forma de «u» cuando está preocupada o en un momento conflictivo, y luego vuelve a orientarlas hacia delante en cuanto se tranquiliza. Y también reacciona muy rápido: si hacemos el más mínimo movimiento cuando está en nuestro regazo, se levanta y se va. En casa, si Mello se ha sentado en el regazo de alguno de nosotros, tenemos que pasarnos las cosas con cuidado, porque cualquier movimiento puede hacer que pegue un salto y se vaya.

En cambio, Chilli es «todo cola». Los manuales nos dicen que el movimiento de la cola puede significar que el gato está enfadado o que no está contento, lo que no es una buena señal y debería servir de advertencia para dejar de hacer lo que le estemos haciendo. En general, es un buen consejo para evitar una escalada del comportamiento que podría volverse defensivo, y lo más prudente es apartarse del camino cuando un gato está excitado. Pero, como siempre, también hay que tener en cuenta el carácter del gato. Lo digo porque Chilli mueve la cola con frecuencia; de hecho, la mueve de lado a lado en casi todo lo que hace, ya sea con un ligero meneo o con movimientos más rápidos de balanceo o vaivén. Tiene la cola larga y gruesa, y si no pusiera la punta hacia arriba, la arrastraría por el suelo. No es en absoluto un gato irritable ni agresivo, él prefiere mirar sin meterse en líos. Es muy curioso y le encanta estar con la gente y ver lo que cada uno está haciendo.

Igual que con las orejas de Mello, me da la impresión de que Chilli está pensando cuando mueve lentamente la cola, que es la mayor parte del tiempo. La mueve cuando observa los pájaros en el jardín. La mueve cuando decide adónde ir. Es su pista para indicar que está pensando, y la mueve cuando oye o ve algo. También es muy táctil con la cola y nos la enrolla alrededor de las piernas, curvando la punta con fuerza como si fuera una mano, cuando se frota. Mi pareja y yo ya tenemos cierta experiencia con su cola «exploradora»: si Chilli está sentado en el escritorio o en la cama moviendo la cola lentamente y nos roza la mano, la aparta rápidamente porque sabe que nos ha tocado, pero luego sigue moviéndola hacia delante y atrás, tocándonos la mano cada pocos movimientos, como si estuviera comprobando que sigue ahí antes de volver a apartarla. Es un movimiento y un tipo de exploración muy controlados. Ninguno de los otros dos utiliza la cola de forma parecida; ellos la mantienen bastante quieta en casi todo lo que hacen.

Es una cola naranja preciosa, un poco más pálida en la punta, por lo que es una parte importante del carácter de Chilli, que no mueve las orejas tanto como Mello. En cambio, sus bigotes dicen mucho: cuando quiere estar con alguno de nosotros, casi se le erizan hacia delante, de una forma que tampoco he notado en ninguno de los otros dos. De hecho, más de una vez me he sorprendido mirándolos para ver si los utilizan igual; y los usan, pero no en la misma medida ni con el mismo entusiasmo. Es como si Chilli estuviera lleno de entusiasmo y energía, y aunque intente contenerlo, ¡los desborda por la cola y los bigotes!

Oreo, o Mr White, es mucho menos expresivo. No muestra las pistas de las orejas de Mello ni las de la cola de Chilli, y se mueve por la vida con bastante tranquilidad y confianza, feliz de ser amigo de Chilli y ligeramente sumiso con él. Si uno quiere que Oreo mueva las orejas, solo tiene que encender el secador o la aspiradora: no huirá, pero echará las orejas hacia atrás en la clásica forma de «u», mostrando su desagrado, y mantendrá un aspecto bastante confuso hasta que se apaguen. Es decidido y directo, y puede llamar la atención si quiere, pero por lo demás se limita a ocuparse de sus asuntos.

Cómo captan nuestra atención

Nuestros gatos pueden pasar todo el tiempo que quieran en casa o en el exterior, así que lo único que tienen que hacer es pedir comida y atención (si no las tienen ya) o, de vez en cuando, decirnos si hay algo que no va bien del todo; y, como podéis imaginar, cada uno lo hace a su manera.

Chilli utiliza el método del roce cuando quiere comida o atención, enrollándose literalmente con esa maravillosa cola alrededor de nuestras piernas y haciéndonos tropezar si intentamos caminar. A veces quiere que vayamos hacia los comederos para que los llenemos, pero como está tan concentrado convenciéndonos para que le hagamos caso, tenemos que soltarnos para poder ir, suponiendo que sea eso lo que quiere. La confirmación de que vamos por buen camino es que alarga la pata para ponernos la zancadilla de camino a la comida, y desde hace poco, con diez años, ha empezado a acompañar estos gestos con un pequeño maullido lastimero, como para asegurarse. No suele ser muy hablador y sus sonidos son bastante tranquilos y suaves, como los ligeros ruiditos que hace cuando intenta abrir una puerta arañándola porque quiere entrar.

Si pensamos en cómo los gatos utilizan las patas para acicalarse, agarrar comida, explorar objetos y defenderse, no debería sorprendernos que también las usen con nosotros. En el

Reino Unido hay un anuncio de televisión en el que los gatos se apoderan del mundo porque han desarrollado un pulgar oponible y pueden coger las cosas con una pata parecida a una mano. Probablemente, el éxito del anuncio radica en que nos hemos dado cuenta de que ¡podrían conseguirlo! Chilli ha desarrollado el uso de las patas a lo largo de los años, y ahora también las utiliza en otras circunstancias para hacerse con nuestra atención, tocándonos o dándonos golpecitos mientras ronronea intensamente pidiendo caricias. En esos momentos, en vez de agacharse para esquivarnos, empuja hacia delante con la cabeza y cierra los ojos como extasiado, y si le acariciamos la parte superior de la nariz y entre los ojos, parece entrar en trance.

También es fácil saber si hay algo que le desagrada: si encuentra algo húmedo, un olor o una comida que no le satisfacen, sacude las dos patas delanteras una tras otra y se aleja. Es un mensaje clarísimo: «¡Esto no me gusta!». También tiene lo que podríamos llamar «momentos de excitación», como ataques de frotamiento y ronroneos furiosos que ya nos parecen casi predecibles, ya que suelen ocurrir cuando estamos en el baño o intentando hacer una videollamada; pero no tengo muy claro qué los desencadena o por qué ocurren en ciertos sitios. Como otros gatos, Chilli se excita mucho en las escaleras, y es probable que nos agarre a través de la barandilla o nos aferre la mano con demasiada brusquedad si intentamos acariciarlo, así que siempre es mejor dejarlo tranquilo en esos momentos. Está claro que lo que busca es mantener una posición de control, evitando que otros puedan subir o bajar. Y si nos encuentra en lo alto de las escaleras, baja corriendo para llegar antes que nosotros, como un niño. ¿No os parecen adorables las pequeñas manías de los gatos?

Mello es muy ruidosa y es capaz de variar el maullido de una petición tranquila hasta convertirlo en un gemido bastante prolongado y con un punto de irritación si se siente realmente decidida a hacer algo, pero no lo consigue; esta variación puede ir desde un gemido lastimero hasta un maullido bastante enfadado. La ilustración de la «necesidad» (de la página 120), por ejemplo, es muy parecida a la forma en que Mello ha aprendido a buscar un poco de atención. Con el tiempo ha ido desarrollando todo un repertorio, y ahora lo que hace es sentarse sobre las patas traseras y levantar las delanteras para llamar la atención mientras nos mira directamente a la cara y maúlla. De hecho, cuando escribía sobre los gatos a los que no les gusta que los miren, pensaba en la costumbre de Mello de mirar directamente a la cara y a los ojos para llamar la atención, y quizá para ver cómo reaccionamos; evidentemente, cuando ella nos mira así no lo considera un gesto agresivo, como tampoco interpreta así nuestra mirada cuando en esos momentos la miramos. Si alargamos la mano hacia ella (algo a lo que no podemos resistirnos), Mello la sujeta con las patas (sin sacar las garras) y tira suavemente acercándosela a la cabeza para que la acariciemos. Varios estudios han descubierto que los gatos mueven el cuerpo para que alcancemos los sitios en los que les gusta que los toquemos, y que prefieren que los acariciemos alrededor de la cabeza y cierran los ojos si les gusta. Mello tira con las patas y pone la cabeza para que la acariciemos por debajo de la barbilla y poder frotarse contra la mano.

Le encanta interactuar con todos los miembros de la familia y adora las visitas. Cuando se sienta y levanta las patas parece que se lo hemos enseñado nosotros como si fuera un truco de feria, pero en realidad lo ha aprendido ella sola, y desde luego tiene mucho éxito, porque es un gesto encantador. Más bien se podría decir que ha sido ella la que nos ha enseñado a responder a nosotros, y cada vez que lo hacemos, reforzamos su comportamiento; y, por supuesto, a nosotros nos encanta verla, así que no podemos resistirnos a esperar un poco cuando se sienta y maúlla para que tenga que esforzarse un poco más y levante las patas. A Mello le gusta sentarse en nuestro regazo y en el de cualquier invitado. No discrimina a nadie porque no lo conozca. Es más, hasta puede buscar más atención si es alguien nuevo. A veces, parece que no le hacemos ni caso y tiene que buscar a alguien nuevo para que le dé lo que desea.

Sus «momentos de excitación» se producen cuando hay un puzle sobre la mesa que se va completando a lo largo de varios días. En cuanto te diriges hacia la mesa, ella ya sabe que vas a sentarte y que tienes tiempo. Mientras te acercas, salta sobre el puzle con un pequeño murmullo o trino, y se pone a ronronear como loca, te lame la mano si intentas hacer el puzle (¡lo cual es muy irritante!), se sienta encima del dibujo y, si no la acaricias, ¡empuja suavemente las piezas por el borde de la mesa con las patas hasta que le prestas atención!

Mr White, como ya os imaginaréis, no es propenso a emitir sonidos ni a usar las patas. Sin embargo, le encanta saludar: si te acercas a acariciarlo cuando hace tiempo que no lo ves, saltará sobre las patas traseras para darte con la cabeza en la mano, pero solo una vez, y con eso es suficiente. Cuando estábamos intentando grabar este comportamiento para un vídeo que estábamos haciendo para International Cat Care, tuve que pedirle al cámara que no lo acariciara porque cuando lo ha hecho una vez, ya no lo repite, y necesitábamos grabar el único salto.

Cuando Mr White quiere comida, lanza un único maullido fuerte mientras nos mira atentamente, y lo repite varias veces si no respondemos. ¡Es imposible no oírlo! Luego vuelve a quedarse en silencio y ronronea mientras le ponemos la comida. Cuando viene a visitarnos por la mañana, salta sobre la cama, hace ese ronroneo altísimo y nos pasa por encima, pisándonos muy entusiasmado, hasta que lo acariciamos un par de veces, y entonces se tumba y se echa a dormir toda la mañana. Una vez hizo lo mismo cuando la gatera no se abría porque se había atascado, y él quería salir. Fue como en la famosa escena de *Lassie*, la película en blanco y negro en la que la perra le ladra a su dueño hasta que la sigue y ella lo guía hasta el lugar donde algo va mal; en la película, alguien se había caído a un pozo. Al ver que el comedero estaba lleno, supimos que no podía ser por eso, pero Mr White seguía maullando, hasta que nos dimos cuenta de lo que era. ¿Quién dice que los gatos no pueden comunicarse? Nos dejó impresionados.

He estado observando cuándo arañan nuestros gatos. Se cree que cuando hay varios gatos en la misma casa, los mininos arañan para dejar un mensaje a los demás y a sus dueños, quizá para captar su atención. Chilli es el rey de los arañazos: araña en las escaleras (que le excitan mucho) y en la cama antes de subirse de un salto (no estoy segura de si hace lo mismo cuando no estamos, así que intentaré averiguarlo). Compramos unos sofás de cuero a propósito, conociendo su propensión a arañar ese material, ¡y no les hace nada! Sin embargo, le encanta entrar en la cabaña, que normalmente está cerrada, y que ahora está llena de muebles (tapados con materiales muy «arañables») y trastos. En cuanto abrimos la puerta, él aparece de la nada y se lanza dentro, ¡como si hiciera años que no encuentra nada que arañar! A Mello le encanta arañar la pata de la mesa que hay al lado de donde les ponemos la comida, y también le gusta arañar un poco en la cabaña. Más que por la necesidad de afilarse las uñas, parece que lo hacen para exhibirse. Curiosamente, Mr White no araña en ninguna parte de la casa. ¿Quién sabe?, a lo mejor su tranquilidad es el resultado de un comportamiento firme y sereno, ¡sin nada que demostrar!

Cómo los tocamos

A nuestros gatos los hemos tratado con delicadeza y respeto toda su vida, sin molestarlos ni acariciarles la barriga, y dejándonos guiar por ellos. Muchos se ponen a la defensiva cuando se les intenta tocar la barriga (cuando los gatos se pelean, intentan herir al otro en la barriga con las patas traseras porque es una parte vulnerable del cuerpo), aunque también hay otros que se tumban panza arriba para disfrutar de las caricias. Intentadlo lenta y suavemente, ¡y enseguida os haréis una idea de cómo es el vuestro! A los nuestros no les gusta, y si alguien lo intenta, tiene muchas probabilidades de que le cojan la mano con las garras o de que el minino eche a correr para evitar la situación.

Puesto que los gatos suelen acicalar a las personas, es muy probable que perciban nuestras caricias como acicalamiento. Prefieren que lo hagamos en la zona de la cabeza y se apoyan en nuestras manos para dirigirlas hacia donde quieren que los acariciemos. No parece gustarles que les acariciemos o toquemos las patas, y si lo intentamos, lo más seguro es que salten inmediatamente de nuestro regazo. Se les puede sujetar la pata suavemente y acariciarla por la parte superior, pero cualquier cosa que vaya más allá de esto les resultará tremendamente irritante.

A todos nos gusta besarlos, pero a ellos no suele gustarles. He visto a mi hija darle un beso a Mello, que estaba en un extremo del sofá, mientras mi hija estaba inclinada sobre el brazo extendido hacia ella. Mello aplanó las orejas para apartarlas aun antes de que la tocara y volvió a levantarlas en cuanto mi hija se apartó. Lo soporta porque le encanta que le dediquen atención, pero no creo que sea lo que más le gusta. Mi hija y Mr White tienen una relación muy sólida y tranquila. Él suele sentarse con ella mientras trabaja, y ahora hasta parece tolerar los besos o incluso empujar la cabeza contra ella cuando le da uno, ¡cosa que dudo que hiciera con ninguno de nosotros! Creo que, sin darse cuenta, ella le manda alguna señal de que va a darle un beso, con lo que él se prepara y hasta parece disfrutarlo, seguramente porque, al no abrazarlo, él no se siente atrapado. Está claro que es el resultado de una relación de confianza que se ha ido forjando con los años y en la que él se siente cómodo.

Chilli puede aguantar un beso de vez en cuando, ¡pero normalmente sale corriendo! A ninguno de los tres le gusta que lo cojan; lo aguantan un poco, pero casi siempre con un pequeño maullido, como un gemido. Como es típico de Chilli, evitará que nadie lo coja, pero si lo levantamos y lo sostenemos de una forma que le guste, él se acomoda sobre el brazo, mientras lo tranquilizamos con la otra mano (sujetándolo sin fuerza) para que pueda mirar a su alrededor. Me recuerda a esos perros pequeños a los que les encanta que los cojan para poder verlo todo desde lo alto, en vez de quedarse a la altura de los tobillos; muchos de ellos se vuelven mandones o agresivos desde esa posición, animados por la presencia de su dueño. Chilli se sienta tranquilamente y se limita a mirar a su alrededor. La gata que teníamos antes, Diamond, odiaba que la cogieran en brazos y maullaba desesperada —lo hacía desde que era pequeñísima—, así que nunca la cogíamos, a no ser que fuera por algún motivo, como para meterla en un transportín.

¿Y el parpadeo lento del que hemos hablado? Creemos que un parpadeo lento y suave — y mejor si se hace mirando un poco más allá del gato, y no directamente a él— es una forma de romper la mirada fija para que el gato pueda saber que no es una mirada amenazadora. Pero no estábamos del todo seguros, así que pensé que tenía que intentarlo con los míos para ver qué pasaba. Primero lo hice con Mello, que es una gata que suele mirarnos a la cara con frecuencia y durante largos periodos de tiempo mientras maúlla para llamar la atención. Parece que así nos estudia para ver si reaccionamos y no le importa si entonces nosotros la miramos; es como si saber la manera en la que vamos a reaccionar fuera más importante para ella, y no parece interpretarlo como una mirada fija ni como una amenaza. Si me siento con ella en mi regazo, y mientras me mira yo parpadeo despacio y de forma bastante exagerada, después de un par de parpadeos ella entrecierra los ojos, luego los cierra despacio, después los entreabre y al final muchas veces los cierra del todo.

He intentado establecer el mismo contacto visual con Chilli y Mr White para ver cómo reaccionan, pero ninguno de los dos me mira como lo hace Mello. Todavía no he conseguido que parpadeen lentamente. Los dos son más tranquilos que Mello, así que quizá no necesiten ese gesto tranquilizador (¡o no les importe gran cosa!).

Se dice que los gatos también pueden tragar saliva o lamerse la nariz o los labios cuando tienen miedo o están estresados, aunque tengo que admitir que nunca he notado este comportamiento en la vida real; espero que sea porque nunca he visto a nuestros gatos tan asustados. Cuando se han puesto nerviosos, en las raras ocasiones en las que un gato desconocido ha entrado en casa, he estado demasiado ocupada intentando calmar el revuelo como para observar atentamente sus reacciones. En cualquier caso, cada uno reacciona a su manera: Chilli se sienta a observar y no se mete en líos; Mr White hace mucho ruido, pero tampoco se mete en líos; y al final tiene que ser Mello, la pequeña atigrada, la que tome la iniciativa y lo eche. También parece quedarse más afectada después y mira con frecuencia hacia el lugar por el que apareció el gato para asegurarse de que no sigue ahí, mientras que los otros simplemente se retiran a dormir.

El carácter de Mello, que la hace estar siempre más «preocupada», también se pone de manifiesto cuando algún invitado les trae un juegue con hierba gatera, que parece gustarles a los tres y les hace el efecto normal, pero lo curioso es que Mello se muestra más recelosa a la hora de disfrutarla si los otros dos están cerca. Parece que con esta hierba los gatos se descontrolan un poco, y todo ese bullicio los lleva a jugar de una forma más brusca. Por eso ahora los separo, para que Mello pueda tranquilizarse y disfrutar sin tener que estar pendiente de los otros, que realmente se agitan bastante. A ella no le gusta ni un pelo el alboroto que montan los otros dos.

¿Reconocen sus nombres?

Cuando Mello y Oreo eran gatitos, yo ya sabía que iba a tener que poder llamarlos de algún modo cuando llegara ese momento tan angustioso de dejarlos salir al jardín por primera vez. Así que, cuando les iba a dar de comer o antes de hacer algo agradable con ellos, utilizaba un tono de voz agudo y rítmico diciendo «vamos, vamos, vamos» para que se familiarizaran con la llamada y la relacionaran con algo agradable. La idea era conseguir que acudieran por más que estuvieran en el jardín fascinados por algo. Y realmente lo conseguí. Al principio salía con ellos y los llamaba, hasta que poco a poco los fui dejando salir solos y al poco rato los llamaba. El agudo «vamos, vamos, vamos» funcionó, y venían corriendo desde cualquier parte del jardín. Tengo que admitir que cuando se acostumbraron a salir, y yo a que estuvieran fuera, rara vez volví a utilizar la llamada. Ahora ya solo la uso si hace tiempo que no los veo y me preocupa no saber dónde están. Y sigue funcionado, lo cual me tranquiliza bastante.

En el día a día utilizamos un tono de voz cálido con ellos. He leído que los gatos saben su nombre, como demuestra un ligero movimiento de las orejas o la cabeza. En nuestra casa, todos llamamos a los gatos de muchas formas distintas: Oreo es Mr White; Chilli es Chills o Trouble, y Mello es Mels o Bubs. Cuando mi hija está en casa, les pone otros nombres, así que probablemente todo se reduce al tono de voz y a que los gatos reconocen los diferentes tonos y palabras que utilizamos con cada uno de ellos; son animales muy inteligentes y observadores (tienen que serlo para sobrevivir en la naturaleza), así que, ¿por qué no iban a saber que les estamos hablando?

Cuando queremos que se suban a nuestro regazo, tenemos un método que consiste en dar palmaditas en el lugar al que queremos que se acerquen: solemos esperar hasta que los vemos venir en busca de nuestras rodillas, y ellos captan el mensaje rápidamente; pero no siempre responden si están haciendo otra cosa. A veces nos ignoran, pero ahora que han llegado a esta edad reconocen el mensaje enseguida. No siempre fue así.

Cuando eran más jóvenes nos miraban como si estuviéramos mal de la cabeza y seguían a lo suyo, lo que demuestra que para llegar a la comprensión puede necesitarse un tiempo, y utilizar mensajes amables y sencillos que habremos de repetir con paciencia.

También tienen sus propias manías: Mr White quiere que le pongamos primero una manta en el regazo y esperará pacientemente hasta que lo hayamos hecho antes de subirse; de lo contrario, se apartará, esperará y volverá cuando la manta esté en su sitio. Sin embargo, Mello no entiende por qué se interrumpe la petición poniendo una manta; así que puede que se pase el momento y luego haya que volver a empezar desde el principio. También podemos utilizar la palmadita para llamarlos en otros momentos o cuando están en el jardín, lo que significa que han generalizado la comprensión del gesto y son capaces de aplicarla a otras circunstancias.

¡A DISFRUTAR!

Me siento un poco mal por estar hablando de mis gatos, pero espero que ver cómo es cada uno de ellos os ayude a observar y entender a los vuestros y a disfrutar de una comunicación que se desarrolla y fortalece con los años. He de admitir que escribir este libro me ha hecho observarlos más de cerca y he disfrutado analizando sus caracteres. Aunque los gatitos son irresistibles, dan mucho trabajo, mientras que los gatos mayores pueden darnos muchas alegrías, ya que no solo hemos creado una forma de comunicarnos con ellos, sino que entienden perfectamente el funcionamiento de la casa y todo lo que pasa en ella, a lo que se han adaptado sin ningún problema.

Los gatos aportan una compañía tranquila que tardamos años en conseguir. No es de extrañar que los echemos tanto de menos cuando ya no están. El hecho de que sean tan distintos unos de otros permite que cuando se han ido tengamos un gran carácter que recordar, al tiempo que nos dejan espacio para que entre en nuestra vida otro carácter único con el que construir una nueva relación.

AGRADECIMIENTOS

Quisiera dar las gracias a todas las personas de las que he aprendido a lo largo de los años que llevo esforzándome por entender a los gatos: los veterinarios, los especialistas en comportamiento, los investigadores, las personas que trabajan con gatos sin dueño, los dueños entusiastas y las personas que trabajan en empresas que crean medicamentos y productos para gatos. Como «aprendiza de todo», he tenido el privilegio de beneficiarme de su generoso intercambio de conocimientos y experiencias, y he disfrutado mucho trabajando con ellos para hacer todo lo que podamos por los gatos. Les doy las gracias también a todos los gatos que he tenido a lo largo de los años y a los tres que siguen formándome y que aparecen en este libro.

LECTURAS RECOMENDADAS

Bradshaw, John, y Sarah Ellis, *The Trainable Cat: How To Make Life Happier For You And Your Cat*, Londres, Penguin, 2016 (trad. cast.: *Adiestra a tu gato: Cómo hacer que tu gato y tú seáis más felices*, Barcelona, Kitsune Books, 2018).

Halls, Vicky, *Cat Detective*, Londres, Bantam, 2006.

—, *Cat Confidential: The Book Your Cat Would Want You to Read*, Londres, Bantam, 2005.

—, *Cat Counsellor: How Your Cat Really Relates To You*, Londres, Bantam, 2007.

Turner, Dennis C., *The Domestic Cat: The Biology Of Its Behaviour*, Cambridge, Cambridge University Press, 2014.

De este libro me quedo con...

Este libro se terminó de imprimir en los talleres
de Limpergraf en octubre de 2024.

Cómo hablar con tu gato ha sido posible gracias al trabajo de su autora, Claire Bessant, así como de la traductora Carmen Ternero, la correctora Teresa Lozano, el diseñador José Ruiz-Zarco, el equipo de Realización Planeta, la directora editorial Marcela Serras, la editora ejecutiva Rocío Carmona, la editora Ana Marhuenda y el equipo comercial, de comunicación y marketing de Diana.

En Diana hacemos libros que fomentan
el autoconocimiento e inspiran a los lectores
en su propósito de vida. Si esta lectura te ha gustado,
te invitamos a que la recomiendes y que así, entre todos,
contribuyamos a seguir expandiendo la conciencia.